# A ARTE DE RECOMEÇAR

Dados internacionais de Catalogação na Publicação (CIP)
(Câmara Brasileira do Livro, SP, Brasil)

Rosini, Fabio
  A arte de recomeçar : os seis dias da criação e o início do discernimento / Fabio Rosini ; prefácio de Marko Ivan Rupnik ; tradução de Leonardo A.R.T. dos Santos. – Petrópolis, RJ : Vozes, 2021.

  Título original: L'arte di ricominciari : I sei giorni della creazione e l'inizio del discernimento
  Bibliografia.
  ISBN 978-65-5713-073-5

  1. Discernimento (Teologia cristã) 2. Vida cristã
I. Rupnik, Marko Ivan. II. Título.

20–40576  CDD-248.4

Índices para catálogo sistemático:

1. Discernimento : A arte de recomeçar : Vida cristã
248.4

Cibele Maria Dias – Bibliotecária – CRB-8/9427

# FABIO ROSINI

# A ARTE DE RECOMEÇAR

## Os seis dias da criação e o início do discernimento

Prefácio de Marko Ivan Rupnik

Tradução de Leonardo A.R.T. dos Santos

Editora Vozes

Petrópolis

© 2019 Edizioni San Paolo s.r.l.
Piazza Soncino 5 – 20092 Cinisello Balsamo (Milão) – Itália
www.edizionisanpaolo.it

Título do original em italiano: *L'arte di ricominciare – I sei giorni della creazione e l'inizio del discernimento*

Direitos de publicação em língua portuguesa – Brasil:
2020, Editora Vozes Ltda.
Rua Frei Luís, 100
25689-900 Petrópolis, RJ
www.vozes.com.br
Brasil

Todos os direitos reservados. Nenhuma parte desta obra poderá ser reproduzida ou transmitida por qualquer forma e/ou quaisquer meios (eletrônico ou mecânico, incluindo fotocópia e gravação) ou arquivada em qualquer sistema ou banco de dados sem permissão escrita da editora.

## CONSELHO EDITORIAL

**Diretor**
Gilberto Gonçalves Garcia

**Editores**
Aline dos Santos Carneiro
Edrian Josué Pasini
Marilac Loraine Oleniki
Welder Lancieri Marchini

**Conselheiros**
Francisco Morás
Ludovico Garmus
Teobaldo Heidemann
Volney J. Berkenbrock

**Secretário executivo**
João Batista Kreuch

*Editoração*: Fernando Sergio Olivetti da Rocha
*Diagramação*: Sheilandre Desenv. Gráfico.
*Revisão gráfica*: Jaqueline Moreira
*Capa*: Ygor Moretti

ISBN 978-65-5713-073-5 (Brasil)
ISBN I978-88-922-1384-5 (Itália)

Editado conforme o novo acordo ortográfico.

Este livro foi composto e impresso pela Editora Vozes Ltda.

# Sumário

*Prefácio*, 7

*Premissa*, 13

Antes dos dias – O início contém tudo, 17
    O início contém tudo, 19
    Origens e originais, 19
    Uma nota vital; ou melhor, duas, 28

Primeiro dia – O dom das primeiras evidências, 30
    O chefe sempre tem razão, 32
    Irmão caos, 33
    A primeira vocação, 39
    O primeiro passo, 42
    Haja luz!, 47
    E houve luz!, 52

Segundo dia – O dom das prioridades, 56
    Desconfie das imitações, 60
    Qual é a clave?, 64
    Trilhos e descarrilamentos, 67
    Vegetarianos sanguinários, 74

Terceiro dia – O dom dos limites, 79
    Um, nenhum e cem mil, 81
    Aproveitar os limites, 86
    Podar para dar mais frutos, 94

Quarto dia – O dom da inspiração, 104
    Vaga-lumes e lanternas, 110
    As fontes dos pensamentos, 113
    Sintaxe, linguagens, idiomas, 119
    Linhas e curvas, 124
    Pontos de verificação, 128
    Querendo ir mais longe..., 134

Quinto dia – O dom da bênção, 139
    Do que existe, não falta nada, 141
    "...aprendi a ser rico...", 147
    Segundo as suas espécies, 153
    Sexto dia: primeira parte – O dom da humilhação, 161
    O processo de marcescência, 165

Sexto dia: segunda parte – O dom da glória, 174
    Imagens e imaginários, 178
    Quem sou eu para Você?, 185
    A beleza do masculino e do feminino, 190
    Pratos para lavar, 195
    O céu são os outros, 202

Rumo ao sétimo dia – O dom do alimento, 210

*Agradecimentos*, 217

# Prefácio

Vladimir Soloviov[1] distinguiu entre um conhecimento fácil, que é o conhecimento abstrato, e um conhecimento complexo, que é relacional e passa pela vida – justamente porque Cristo é a verdade – e, portanto, a verdade é comunional. Não há acesso real à verdade, a não ser vivendo em comunhão e pensando com uma inteligência amorosa, que é a única força que envolve a pessoa inteira, precisamente porque passa por relações vividas. Berdjaev, por sua vez, faz eco a essa ideia, argumentando que o pensamento verdadeiro, que funciona na ordem do Espírito, não existe como uma ideia abstrata, mas como uma força que transfigura a pessoa, porque é uma força integral enquanto partícipe do amor. Um pensamento que não ilumina e não transforma a própria biografia do autor não é confiável. E Bulgakov, escrevendo por ocasião do martírio de Pavel Florenskij, sublinha como o cristão não funciona apenas no nível do conhecimento e das ideias, mas é transfigurado em uma obra de arte, onde tudo é tecido em um único organismo.

Eu gostaria que essas fossem as primeiras palavras que o leitor encontrasse abrindo o livro. Na verdade, este é um livro diferente dos textos usuais. O autor consegue libertar-se dos padrões que foram criados durante a Modernidade. O padrão dominante era se ater a um campo estritamente isolado, a um tópico bem circunscrito, a um método especificado antecipadamente. Nesse modo de pensar,

---

[1] Filósofo, teólogo, poeta e crítico literário russo (* Moscou, 28/01/1853; † Uzkoe, 13/08/1900) [N.T.].

era uma obrigação manter todos os sentimentos e qualquer referência à própria experiência. Mas esse tempo passou e hoje estamos atravessando o limiar de uma era que será inspirada por ondas mais orgânicas. Tudo tende a uma visão mais livre, que respira e faz você respirar. Como afirma Soloviov, conseguimos trazer os resultados científicos ao mais alto grau de desenvolvimento à medida que os saberes eram fragmentados, mas não permitimos que essas formas culturais muito especializadas habitassem o fluxo da vida do Espírito, de modo que ela venha à tona como ponto de chegada de uma vida pessoal, comunitária, que inclui o outro. Na verdade, termina-se com o triunfo do individualismo e da esterilidade. A vida não segue teorias, mas sabedoria. A sabedoria pertence ao pensamento relacional que cresce a partir da novidade da vida recebida, não conquistada. A sabedoria é a personificação de um conhecimento integral, simbólico e litúrgico. Ela é o mel que se acumula nos campos da Palavra já vivida e encarnada.

Para nós, cristãos, a Palavra não é apenas ouvida, para depois tentar trazê-la à vida. No início da celebração dos sacramentos ouvimos a Palavra, que nos é dada como alimento, já encarnada. O Corpo e o Sangue nos são dados como alimento precisamente porque são a Palavra já encarnada, para que nos tornemos o que comemos. Fecha-se assim a porta para todo idealismo possível, moralismo e intimismo gnóstico, bem como a qualquer academicismo que não culmine na Igreja, que não se torne alimento para o povo.

Pe. Fabio Rosini, também com este texto, já está entrando nessa nova era. Seu modo de escrever exala em cada parágrafo de seu amor sacerdotal pelo homem que busca a vida – a verdadeira, a que não termina na sepultura. Obviamente, ele é um estudioso da Bíblia, mas não um pesquisador; é sim um padre, um pescador de homens. A Palavra é a vida que, quando encarnada, torna-se a mão que atrai as pessoas, que as atrai para fora das ondas do mar agitado nas longas noites da história. E ele é essa mão estendida, forte e ágil, para levar à terra firme os náufragos atormentados pelas tempestades das histórias pessoais e de gerações inteiras, muitas vezes iludidas por falsas promessas e ideologias. A Palavra não é uma explicação alegórica ou meramente linguística. O que Pe. Fábio faz neste texto não é uma exegese clássica, nem uma homilética convencional – embora se trate de um texto de alto nível–, mas uma leitura da criação contada nos capítulos iniciais do surpreendente Livro do Gênesis. É surpreendente porque realmente abre à sabedoria. Além do conhecimento bíblico, ele exala nesses capítulos um conhecimento excepcional da teologia espiritual. Com aguda precisão, aborda os grandes nós da vida espiritual. E tudo é continuamente imbuído de sua experiência, tanto de sua experiência pessoal quanto daquilo que vem da escuta pastoral. Milhares de vozes ecoam nessas páginas. Mas mesmo com uma sinceridade desarmante, ele relata os dados de sua vida pessoal. Tudo é bravamente tecido em um texto unitário, porque não há nada de artificial na estrutura, mas o ritmo da sucessão dos dias do Hexamerão é rigorosamente seguido. O texto bíblico da criação foi escrito depois de tantos séculos de jornada do povo da aliança, portanto, depois de tanta experiência refletida na sabedoria. Mas ele foi escrito para destacar o começo, o princípio. Ao mesmo tempo, é a fonte perene de intuições com múltiplas camadas para aqueles que caminham há anos, como Israel, que sempre retornou para extrair a história dos primeiros capítulos de Gênesis. Assim Pe. Fábio, depois de anos de experiência e leitura, oferece-nos um horizonte aberto para aqueles que querem sair de uma vida destinada a perecer e assumir o caminho da esperança. Mas este também é um texto para aqueles que por anos seguiram a voz do Verbo. O discurso muitas vezes é tão verdadeiro, sem frescura, sem enfeites, que em algum momento também pode doer e pode vir a tentação de reagir; mas já no final do mesmo parágrafo estaremos prontos para admitir que as coisas são como escreve Fabio Rosini.

Eu não posso concluir este prefácio sem rogar ao Senhor que continue abençoando Pe. Fabio. É precioso demais para a obra que o Pai realiza no Corpo de seu Filho: que ele permaneça sempre disponível para o sopro do Espírito. Não nos esqueçamos de que depois de ter feito todas as comissões teológicas e possíveis projetos pastorais, o Pai permanece ali à espera de alguém que esteja disponível e acolhedor. Em todas as épocas, espera-se uma Maria de Nazaré.

*Pe. Marko Ivan Rupnik\**

---

\* Padre jesuíta (Zadlog, Eslovênia, \* 28/11/1954), artista litúrgico e teólogo, Rupnik tem trabalhos em várias igrejas e santuários na Europa: San Giovanni Rotondo (no Santuário de São Pio de Pietrelcina), Cracóvia (São João Paulo II), Cidade do Vaticano (Capela Redemptoris Mater) e ainda os santuários de Fátima e Lourdes, p. ex.

Dedico este livro a todos aqueles que acham ser impossível recomeçar ou que isso seja muito difícil. Não é! Afinal, para Deus nada é impossível.

# Premissa

Eu quis iniciar os trabalhos deste livro aos 13 de julho de 2017. Exatamente cinco anos atrás, nesse mesmo dia, eu experimentei um dos momentos mais importantes da minha vida.

Passara-se exatamente um mês desde o luminoso passamento de Chiara Corbella Petrillo ao céu, enquanto noites dolorosas encobriam o céu de minha vida, no hospital. Clamei pela a ajuda do céu para essa garota maravilhosa, a quem tive a graça de anunciar as Dez Palavras e outras coisas, e com quem eu havia concebido – junto com seu marido Enrico Petrillo e meus colaboradores Angelo e Elisa Carfi – a primeira edição do Curso de Preparação a Distância para o Matrimônio, um curso então repetido muitas vezes sem ela, mas com sua evidente proteção.

Em uma noite de um pós-operatório inesperadamente doloroso, exacerbado pela dor física, pedi sua ajuda. Em seu estilo, não me deu nem um pingo de alívio na dor, mas ela me conseguiu muito mais.

Deu-me o dom de recomeçar.

Aquele carcinoma foi a via de muitas graças na minha vida.

Em si não foi lá essas coisas. O mal que, meio século atrás, me teria feito chegar mais cedo diante do Senhor, hoje é reduzido pela medicina muitas vezes com uma série de precauções a serem mantidas; a dor passa, a gente se acostuma com as misérias pós-operatórias, e até mesmo isso que lentamente se normaliza e se torna somente uma memória; então passa-se a ter tempo para retomar as rédeas da vida e seguir adiante.

Mas existencialmente esse câncer foi como um cinzel abençoado por Deus e me salvou de alguns erros absurdos que cometi. Todo mundo diz que eu mudei desde então. Quase todos estão felizes com isso; alguns, infelizmente, não. Estes prefeririam minha versão pré-tumoral heroica e forte.

Agora me reprovam por ter me tornado muito mole. Já não levanto a minha voz como antes na catequese aos jovens. Agora tenho medo de quebrar a cana rachada, de apagar a mecha que ainda bruxuleia.

Muitas coisas que teremos de enfrentar, eu as recebi antes, como operário do impacto catequético. Mas eu não estava tão ciente disso. Agora vale a pena explicá-las melhor. Estou chegando aos 60 anos. Minha saúde, um desastre. Eu até que dou conta das coisas, mas um pouco é verdade. E quando eu quero evitar ter limitações de saúde, acho que os limites não são uma pose... Ai de mim!

E, no entanto, quando você se concentra em envelhecer, as sínteses mais íntimas começam. Surpreendentemente, raros traços de sabedoria aparecem na análise da seiva do meu homem interior. Recebida, não possuída. E sempre muito pouco explorada.

Isso não me pertence. Está na vida das pessoas que evangelizo, elas me atestam com tanta gratidão – algo que sempre me causa muito embaraço – e é algo que encontro em uma paz diferente, que é um novo presente em minha vida. Eu não a conhecia assim antes.

Escrevendo este livro, tive um problema nos olhos. Em determinado momento, não consegui escrever mais do que meia hora. Teria terminado nas três semanas que tinha disponíveis, já que tudo o que eu tinha a dizer era muito claro para mim, bastava dar voz ao pensamento. Mas o Senhor queria fazer algo novo. E Ele escolheu esse sistema: deter-me e me forçar a seguir seu próprio ritmo. Então o resultado é o gêmeo heterozigoto do que eu estava escrevendo.

Deve-se notar que, quando isso aconteceu comigo, eu já estava perto do fim... De certa forma eu tive de me encontrar cego para ver tudo de forma diferente. Isso me forçou a fazer tudo de novo. A recomeçar.

Deus queria colocar seu carinho neste trabalho. Espero ter conseguido fazê-lo ecoar, porque eu o senti. Gostaria que você que lê estas linhas também sentisse esse carinho.

## Antes dos dias
## O início contém tudo

> *Aquele que sobe nunca deixa*
> *de ir de início em início; nunca*
> *para de começar*[2].

A vida, até onde sabemos, não flui de mil maneiras, mas de maneira constante: segundo um código genético.

Para ser preciso, a vida humana deve ser distinguida. Ela pertence ao que, para os biólogos, pertence à classe de organismos chamados *eucariotos* que têm o genoma segregado em cada célula dentro de um núcleo circundado por uma membrana; elas se reproduzem por mitose, mas são geradas pela fertilização, um evento extraordinário que estabelece a identidade única e irrepetível de cada indivíduo para cada espécie. Essa é a vida das plantas, dos animais e do homem.

Viu só que cultura? Bem, digamos que eu consultei minha colaboradora, Elisabetta Palio, uma excelente bióloga.

A montante do nosso tipo de existência, portanto, há fertilização e, consequentemente, a vida aparece de acordo com um código oculto, de modo que uma bolota tem a energia oculta para explodir em um carvalho, com indicações fortes e específicas; escondida em uma semente ou em um óvulo fertilizado, há toda a informação para as fases da próxima vida: infância, maturação, fecundidade, degeneração.

---
2 GREGÓRIO DE NISSA. *Homiliae in Canticum*, 8; PG 44, 941C.

Portanto, há um fator desencadeador, e existe uma linguagem que é criada instantaneamente após o acionamento, para a qual esse processo vital preciso será fiel entre as variáveis externas. Ela terá processos de adaptação que ainda terão de lidar com um código inicial, o genoma dessa identidade específica.

Isso é uma intuição fundamental para mim, e eu devo isso a meu pai: quando eu tinha uns nove anos, junto com minha irmãzinha Laura, ele nos levou, antes de partir naquele ano para casa nas Marcas onde passávamos as férias despreocupadas e ensolaradas de nossa infância, e nos levou ao jardim, onde uma nogueira majestosa deixava cair seus frutos; ele nos fez pegar uma noz cada um e mandou colocar dois pequenos buracos que fizemos com nossas mãozinhas, a um metro um do outro, e nos disse: "Ano que vem, quando voltarmos, veremos no que deu!" Genial. Essa imagem penetrou-me o coração[3].

Um ano depois, havia duas mudas. Hoje ainda há uma imponente nogueira. Nós cortamos a mais antiga há muitos anos porque estava doente. Mas uma daquelas pequenas nogueiras ainda está lá. Eu me pergunto se é a minha ou a da minha irmã. Uma das duas, na verdade, minha irmã me diz, foi erradicada porque estavam muito próximas. A outra cresceu vigorosamente, e no ano passado minha irmã Miriam[4] também me fez comer nozes daquela árvore que, em meu coração, é como um profeta.

Quando, como jovem padre, comecei a trazer os jovens para a fé, a genialidade do meu pai brilhou dentro de mim e minha árvore-profeta me deu sua lição: as coisas começam pequenas, mas tudo já está contido no início.

---

[3] Meu pai, Ezio Rosini, não teve essa iniciativa por acaso; ele era catedrático de Física da Atmosfera na Universidade La Sapienza de Roma. Para ele, era importante estar presente como pai também na leitura das coisas. Queria que compreendêssemos as coisas com um olhar profundo. Acho que ele conseguiu.

[4] Uma das belas coisas da vida: ter vários irmãos e irmãs, graça que nossos pais nos concederam generosamente. Deus os abençoe também por isso!

## O início contém tudo

Se você trair o início, trairá tudo. Se tudo der errado, é porque você está fora do mapa desde o início. Se você quer recomeçar, precisa voltar ao início, onde encontrará o que é vital. E na verdade encontrará um Outro. Porque ninguém começa sozinho. O início é um dom de alguém. Minha nogueira profeta teve seu início a partir de seu pai-nogueira, da mãe terra do bosque das Marcas e de nossas mãos. De fato, a vida é recebida. Thomas Stearns Eliot disse:

> O que chamamos princípio
> muitas vezes é o fim, e terminar
> é iniciar. O fim
> está lá onde partimos[5].

Parafraseando Eliot, podemos dizer que já no início está o fim. O propósito. Escondido no genoma.

Mesmo o Senhor Jesus Cristo, de fato, embora seja o início ou o princípio de todas as coisas, é também o caminho para redescobrir a vida, e isso é chamado de "recapitulação" (cf. Ef 1,9-10), o que significa dar novo início às coisas, recomeçando-as.

Mas aproximemo-nos bem desse tema.

## Origens e originais

Uma pergunta pode nos ajudar: O primeiro capítulo da Bíblia, o texto da criação, quando foi escrito? Parece uma pergunta fútil de estudiosos entediados e entediantes, mas não é. O estudo da origem dos textos nos faz descobrir uma coisa muito estranha: a Bíblia começa com um texto muito tardio.

Não temos espaço para contar toda a história narrada no Antigo Testamento, mas basta lembrarmos que os grandes períodos da histó-

---

[5] ELIOT, T.S. *La terra desolata*. Milão: Feltrinelli, 1995, p. 159 [edição em português: *A terra devastada*. Lisboa: Relógio d'Água, 1999].

ria se iniciam propriamente nos patriarcas, começando pela aventura de Abraão, de seu filho, de seus netos e bisnetos, narrada a partir do capítulo 12 do Gênesis; depois vamos à extraordinária epopeia de Moisés e à libertação da escravidão do Egito, narrada no Livro do Êxodo e nos três livros que se seguem; depois vem a instalação na terra de Canaã, o confuso período dos juízes, o estabelecimento da monarquia com Saul, o reino de Davi e de Salomão.

O que vem a seguir é um longo período que, com altos e baixos, mostra uma gradual degeneração até a tragédia, que é a época do exílio, quando a elite do reino de Judá foi deportada para a Babilônia. Os setenta anos seguintes são uma dolorosa purificação que leva as pessoas a retornarem às suas raízes. E finalmente Israel começa a contar metodicamente toda a sua história de Abraão em diante, isto é, entende que o flagelo tem uma causa, é o fruto do descarrilamento de um caminho vital. E quando os filhos de Israel terminarem essa obra de retomada da posse de sua história, já de volta do exílio, humilhados, numericamente reduzidos, só então eles escreverão os primeiros capítulos de Gênesis, como um preâmbulo sapiencial, e entre estes, talvez precisamente entre os últimos, o primeiro capítulo de toda a Bíblia[6].

Isso quer dizer que o ato de escrever o texto da criação de Gn 1 é a feitura de uma síntese. De fato, os primeiros capítulos da Bíblia são muito profundos para serem um mero conto. Eles contêm uma

---

[6] Seria necessário explicar de maneira acurada essa informação, mas este não é um livro técnico exegético. Para se ter uma ideia, é possível ler o agradável, sintético e preciso texto de um dos meus professores nos anos que estudei no Pontifício Instituto Bíblico, o Prof. J.L. Ska, que ajuda a compreender o que afirmei acima. O livro se chama *Il cantiere del Pentateuco* (vol. 1. Bolonha: EDB, 2013, p. 5-35 [trad. bras.: *O canteiro do Pentateuco*. São Paulo: Paulinas]). • Mais antigo, mas de fácil leitura para quem não é familiarizado com o tema é o livro de Carlos Mesters, publicado pela Vozes: *Paraíso terrestre: saudade ou esperança*. Nessa obra, em linguagem simples e acessível, o autor aborda justamente a temática dos relatos da criação sem perder a profundidade [N.T.].

mina de nuanças que representam uma sabedoria adulta, amadurecida e refletida.

Assim é com a narrativa da criação. Não é uma simples descrição, é uma sabedoria incomparável. Leva muitos séculos para alcançar essa sabedoria, muitos erros, muitas contradições, muitas correções, tanta gratidão, tanta salvação. Numa leitura cuidadosa dos textos que vão do primeiro ao décimo primeiro capítulo de Gênesis, traços de luz parecem tão sublimes que não são humanos. Por meio de tudo o que aconteceu de trágico e grandioso, o povo judeu agora tinha a intuição de algo que estava muito além de sua capacidade. E no primeiro capítulo de Gênesis ele poderia tentar descrever o enredo do real, descrevendo a noz, o início.

O DNA da realidade.

E então?

Então, o texto do primeiro capítulo da Bíblia brotou de um povo que estava tentando recomeçar; que tendo cometido muitos erros, finalmente tentou dizer a seus filhos como recomeçar. É um texto que se situa em algum lugar entre o doloroso e o construtivo, o luminoso – como alguém que percebe o valor do que perdeu apenas após a privação e, paradoxalmente, começa a possuir o que já foi perdido; olhando para trás a fim de ver melhor à frente.

A sabedoria contida na narrativa do início é uma sabedoria que quer mostrar o caminho, quer descrever a noz das coisas para poder favorecê-la.

Não podemos deixar de mencionar o fato de que os Pais da Igreja – os bispos e mestres da fé da primeira era cristã – compreenderam claramente como esse texto é prenhe de potencial.

Um grupo de monstros sagrados – Orígenes, São Basílio o Grande, São João Crisóstomo e Santo Ambrósio –, entre tantos, nos deixaram seus comentários sobre os seis dias da criação, o chamado

Hexamerão, escrevendo textos espirituais e teológicos fundamentais sobre o primeiro capítulo de Gênesis, abrangendo as dimensões da teologia da criação, da redenção e da antropologia[7] cristã.

Eu nem tento ir por esse caminho. Não estou à altura e faria algo inútil: esses textos fundamentais já existem, vamos apreciá-los.

Mas há algo que a Providência me concedeu viver muitas vezes neste quarto de século de sacerdócio: acolher a força "paradigmática" da Palavra de Deus.

Há alguns aspectos na fruição comum das Escrituras que, em sua maioria, não são focalizados, e que são frequentemente ativados inconscientemente. O primeiro é o aspecto *performativo*: em essência, significa que a Palavra de Deus tem a força para *executar*, operar, tornar real o que diz. Você vê isso nos sacramentos, por exemplo. Uma coisa é dizer "este é o meu corpo" ou "enviar o seu Espírito" como declarações soltas; outra, bem diferente, pronunciar essas palavras com a força de uma liturgia sacramental: a coisa muda bastante. É algo que se entende muito mais em virtude da experiência do que com base teórica. As palavras se tornam "performantes", elas operam o que pregam.

Esse é o aspecto mais nobre e extraordinário. Mas não é o único. Como já mencionado, a Palavra de Deus tem uma força *paradigmática*: além de poder operar o que diz, atua como paradigma. Mas o que isso significa?

Um paradigma é o essencial da estrutura verbal que requer conjugação para se tornar linguagem. *Fero, fers, tuli, latum, ferre...* o pesadelo dos estudantes. Embora não entremos no âmbito filo-

---

[7] Note-se que "antropologia" aqui não se refere à antropologia enquanto ciência humana, mas como discurso sobre o ser humano. A antropologia cristã seria uma síntese sobre o ser humano sob o prisma da revelação máxima de Deus em Jesus Cristo (algo que engloba toda a Escritura, pois toda ela fala justamente dele) [N.T.].

sófico do que é um *paradigma* – não podemos ir muito além da dor de cabeça do leitor –, basta focar que o paradigma – que vem de um verbo grego que significa *mostrar, apresentar, comparar* – é o esquema de um componente verbal que deve ser conjugado, como já foi dito, de acordo com as regras da linguagem. Isso é, no nosso caso: a Palavra de Deus procura um cônjuge: a minha existência.

Quando aceito conjugar um evento das Escrituras com minha vida, descubro que um poder extraordinário se abre, e começo a me encontrar dentro da obra de Deus, começo a descobrir que sou uma declinação de sua Palavra[8].

Leio, por exemplo, a história da mulher que sofre com a perda de sangue no quinto capítulo do Evangelho de Marcos e suspeito de um paradigma de cura das feridas do mundo íntimo-sexual-afetivo. E tento aplicar esse texto à vida concreta. Com a atual abadessa do convento agostiniano dos Santos Quatro [*Santi Quattro Coronati*],

---

8 É inevitável que pelo menos uma nota explique algo mais preciso a esse respeito, pelo menos em detalhes extremos. A linguagem humana, além da distinção entre monólogo e diálogo, é fundamentalmente de três tipos: unívoco, equívoco e analógico. O primeiro é, por exemplo, o da ciência, das afirmações dogmáticas ou *slogans*; é seco, não admite respostas, mas apenas aceitação ou rejeição. O equívoco é o da poesia, da comédia, dos múltiplos significados tecnicamente, é a polissemia (= muitos significados para a mesma afirmação). O terceiro é o mais propriamente humano, é feito de analogias, é a força de uma explicação; implica, precisamente, os exemplos. Jesus no Evangelho usa-o como poucos, com suas parábolas e outros exemplos. Por uma experiência comum consolidada, pode-se dizer que a eficácia de uma comunicação está muito mais na escolha de exemplos, analogias, do que na precisão, embora necessária, da afirmação da substância. Uma criança cresce muito mais com um conto de fadas do que com um conceito. Tendo dito isso: Qual seria a analogia essencial da vida espiritual? Ora, é a vida biológica. Qual seria a analogia da realidade sobrenatural? Simples, a própria natureza. Aqui está, em nota, a chave essencial da hermenêutica usada neste livro, que não tem nada de original: a criação é a melhor analogia de redenção. Por isso podemos citar, por exemplo, a oração que a Santa Madre Igreja evidencia na oração após a proclamação litúrgica do primeiro capítulo do Gênesis, na solene vigília pascal, que, precisamente, coloca em paralelo a criação e a redenção: "[...] o sacrifício do Cristo, nossa Páscoa, na plenitude dos tempos, ultrapassa em grandeza a criação do mundo realizada no princípio". Na verdade: *lex orandi, lex credendi*. Se você chegou ao final desta nota, merece um prêmio.

em Roma, minha cara amiga Madre Fulvia, experimentamos esse texto no acompanhamento das moças em seu acompanhamento vocacional. Foi eficaz e iluminador. O ano era 2012. Posteriormente, com a ajuda de outros colaboradores, essa experiência se tornou o caminho para a cura afetiva.

Esse tipo de ação, logicamente, não pode ser feito ao acaso, no improviso. É necessária uma triangulação entre a realidade, a fidelidade ao texto e a torrente da tradição da fé cristã, de modo que, com os pés firmes na vida cotidiana e uma análise honesta e fiel do texto, você tente aceitar – não inventar – o paradigma latente concorde com a fé que se confirma em um concerto de sinais que providencialmente se desdobram; num ato de oração e fé – certamente não por uma "técnica" banal – torna-se a luz que nos guia na realidade. É um trabalho de acolhimento muito mais do que de criatividade.

É a graça recebida juntamente com os jovens com quem comecei meu ministério, muitos anos atrás, em contemplar as Dez Palavras, ou os Sete Sinais do Evangelho de João. O paradigma existencial está aí, não devemos forçar o texto, mas há mil confirmações sinfônicas na história da fé cristã, na Encarnação e principalmente na Páscoa do Senhor Jesus e, ainda, nos primeiros concílios, nos textos dos Pais da Igreja, na fé dos santos, no magistério. E nos movemos de acordo com uma naturalidade, um quê de obra de Deus. Sem forçações.

E isso é mais ou menos o que faremos também agora. Nós nos colocamos na escola do paradigma da criação de acordo com a primeira página da Bíblia para entender o segredo de começar tudo de novo. Leremos ao mesmo tempo o texto bíblico e a nós mesmos, e tentando entender o tesouro, o esquema, a filigrana de nos reerguermos, de recomeçarmos nossa vida da mesma forma de tantos cristãos que fizeram isso antes de nós. A comunhão com eles é valiosa, por isso pedimos sua intercessão lá do céu.

E o discernimento?

Uma nota essencial: por discernimento não temos a intenção de entender se devemos nos casar ou ir para o seminário, pelo amor de Deus. Essas escolhas se situam em uma segunda fase de uma existência que já está bem amalgamada na comunhão com Deus – criamos um desastre ao não fazer essa distinção!

Por discernimento entendemos a dinâmica que guia internamente aquele que vive na presença do Senhor, como o Senhor Jesus está diante do Pai[9]. É a orientação profunda do ser. Não se trata de uma escolha única. O discernimento está em todas as escolhas. Revela-se nas escolhas, mas não consiste nas escolhas em si mesmas. É o amálgama da nova vida que o Senhor Jesus inaugurou na carne humana.

Um gato é sempre um predador latente e, quando realiza uma atividade predatória, é simplesmente ele mesmo; um cachorro é um caçador latente e, quando fareja, não faz algo "especial", isso lhe é próprio.

Um filho de Deus não tem discernimento sobre a vontade de Deus porque leu um livro ou porque ouviu centenas de catequeses, mas porque "fareja", ou sente, o Pai nas coisas, já que o conhece. O discernimento não é uma habilidade, mas uma identidade redimida implementada; é a relação filial com o Pai que se torna sensibilidade, olhar agudo, ouvido entonado.

Diante do exposto, pode parecer que o tema do discernimento evocado na leitura da criação seria um heterogêneo, marginal, talvez colocado aqui por não sei qual estratégia. Não. Nessa naturalidade da qual falei acima, quando alguém aborda um texto e o respeita, este distribui seus tesouros.

---

9 O texto grego de Jo 1,1 diz que o Verbo estava *diante de* Deus: *pros ton Theón*.

A ideia de abordar este texto, vale dizer, começou da melhor maneira possível: comunhão com os irmãos. Por conta de meu ministério como diretor do serviço vocacional da Diocese de Roma, tive de aceitar o feliz desafio de reunir os sacerdotes e fazer as coisas em colaboração.

Nos anos de 2012-2014, juntamente com os padres responsáveis por algumas paróquias romanas – que constituem a 12ª prefeitura da diocese[10] –, organizamos cursos bem-sucedidos para os jovens, vivendo momentos alegres de partilha entre nós.

Tendo de fazer um terceiro curso de educação na fé para os jovens, depois do primeiro dos instrumentos de discernimento e o da cura afetiva, um deles, Pe. Paolo Iacovelli, surgiu com a ideia do Hexamerão, os seis dias de criação como linha de trabalho; foi uma aventura incrível, porque o texto saiu com uma vitalidade além da nossa expectativa.

Nós fomos confrontados com uma estrutura muito precisa; no aprofundamento então realizado na escola da vida da primeira sexta-feira do mês na Paróquia de San Marco, da qual o atual vigário da Diocese de Roma, Dom Angelo De Donatis, era pároco, o texto gritava sua sabedoria efetiva para reestruturar e dar novo início à vida de muitas pessoas. Exercícios simples apareceram, o que permitiu que a vida espiritual fosse restaurada, e foram naturalmente estabelecidas as bases para começar a crescer no relacionamento com o Senhor.

Como veremos mais adiante, são temas essenciais, colocados de forma simples e sábia. E é óbvio que assim é, porque, como vimos, o próprio texto é dotado da intenção de retomar a posse das boas raízes da vida; ele quer dar voz à origem de tudo, como a descrição da natureza boa da realidade. Ele quer descrever o genoma da vida

---

10 Assim se divide a Diocese de Roma; no Brasil, algumas dioceses se dividem em "regiões pastorais", "decanatos" etc. [N.T.].

cósmica e humana e, consequentemente, revela o mapa da fidelidade à vida.

O texto se coloca como paradigma natural de todo início, porque contém o início de tudo.

E se olharmos para a sua materialidade, é raro encontrar tamanha ordem e uma subdivisão tão equilibrada. O texto do primeiro capítulo de Gênesis tem um ritmo solene, litúrgico e majestoso. É agradavelmente repetitivo, soa bem, arrasta-se com evidente crescimento até o surgimento da apoteose da criação, o ser humano, homem e mulher esplendidamente iguais e complementares, com todas as suas belas, dignas e nobres prerrogativas.

É o caminho para esse homem, desde o nada rumo à recuperação de dignidade, para ser ele mesmo, que é celebrado por um povo humilhado começando a entender o que desperdiçou.

É o caminho do filho pródigo para o pai; é o caminho de Saulo para Damasco; de Agostinho para a salvação; de Francisco para a pobreza; de Inácio para o discernimento dos espíritos. E muitos outros.

Da desolação à nobreza, à beleza, à fecundidade.

É o protocolo da boa vida.

Mas essa vida não apenas descreve isso, mas descreve muito mais; indica sua estratégia de fundação e construção.

Intriguei você? Espero que sim. Faz-me muito bem refazer este caminho para a luz e para a distinção entre o bom e o muito bom. Porque é o conhecimento e a memória da beleza que dá discernimento. E conhecer o Pai, seu Filho Jesus Cristo e o Espírito Santo, o doador da vida, e estar em seu relacionamento, nos dá as chaves para o discernimento.

Se você conhece um bom vinho, não aceita o ruim. Se conhece a sinceridade, a hipocrisia lhe causa embaraço. Se conhece a beleza, a mediocridade o incomoda. Se você conhece o amor, o pecado não o agrada mais.

E você os distingue.

## Uma nota vital; ou melhor, duas

Uma coisa precisa ser esclarecida, como um encorajamento e não como uma taxa: você não pode experimentar completamente todo o dinamismo em que entraremos sem o que chamamos de *oração*. Este livro dará poucos conselhos enquanto se desenrola, e estes não são abstratos, mas diálogos a serem feitos com Deus.

A jornada que iniciaremos não é uma técnica banal. Se alguém quisesse extrair tamanha mediocridade deste livro, perderia uma oportunidade. Discernimento, mesmo o inicial, vamos repeti-lo, é feito em diálogo com o Senhor, porque o discernimento não é uma habilidade, é um relacionamento.

A atividade que está a montante de tudo, a que possibilita as coisas sobre as quais falaremos, é descrita da seguinte maneira:

> Tu, porém, quando orares, entra no teu quarto e, fechada a porta, orarás a teu Pai, que está em secreto; e teu Pai, que vê em secreto, te recompensará (Mt 6,6).

As coisas sobre as quais falaremos neste livro implicam que você tente entrar no seu próprio segredo, no seu íntimo, no seu "*quarto*", e que você "*feche a porta*", ou seja, que você tenha um espaço onde não há acesso para outros, ao qual o mundo não tenha acesso, e que nesse lugar fale com Aquele que está no escondido.

Essa viagem – porque não se trata de um livro, mas de uma experiência – implica que estejamos com o Pai que gera o tipo de vida que vimos em Jesus de Nazaré. Recomeçar na realidade significa ser regenerado. Nós precisamos de um pai. Não se trata de algo que possamos fazer, mas de algo que recebemos.

E para que Ele se torne nosso Pai, devemos deixá-lo fazer seu trabalho de pai. Portanto, deixarmos que trabalhe em nós. Ficar com Ele. Deixá-lo operar funcionar.

A segunda nota é que tudo que, pessoalmente, talvez por meio das simples indicações que serão dadas, pode ser entendido, não pode ser tomado com certeza, exceto depois de submetê-lo a um sábio olhar.

Precisamos de um *guia*, de um confessor, de um cristão que esteja mais adiantado do que nós no caminho da fé, para ver se não estamos caindo em uma armadilha e para concretizar em um diálogo o que corremos o risco de fazer como um enganoso monólogo. Essa nota é absolutamente essencial. Se não se confrontar com alguém o que se está aprendendo é grande o risco de autoengano. Dizia São Bernardo de Claraval:

> *Qui se sibi magistrum constituit, stulto se discipulum facit* [aquele que se torna senhor de si torna-se discípulo de um tolo].

## Primeiro dia
## O dom das primeiras evidências

Há sempre muito mais para reconhecer do que para conhecer

*No princípio, criou Deus os céus e a terra. A terra, porém, estava sem forma e vazia; havia trevas sobre a face do abismo, e o Espírito de Deus pairava por sobre as águas. Disse Deus: Haja luz, e houve luz. E viu Deus que a luz era boa, e fez separação entre a luz e as trevas. Deus chamou a luz Dia e as trevas Noite. Houve tarde e manhã, o primeiro dia (Gn 1,1-5).*

Devemos resistir à tentação de explicar o universo de coisas escondidas nessas poucas frases. Este primeiro parágrafo merece pelo menos cinquenta páginas para ele[11]... Isso não pode ser feito!

---

11 Como um exemplo traumatizante, seria muito agradável para o autor destas linhas analisar as duas palavras iniciais, *no princípio*, que em hebraico são um termo único, *bereshit*, que significa literalmente no começo, no princípio e é uma forma adverbial. A opinião de alguns comentaristas da escola rabínica, que trabalham no texto não autorizado, é ler o verbo *br'* – criar como infinitivo. Leitura que, se respeitada até o final, nos levaria a uma tradução diferente, mudando o acento de toda a abertura: "No começo do criar Deus, céu e terra [...] Deus disse: "que haja luz!" O texto soaria como um recurso à primeira frase falada por Deus. Ao mesmo tempo, deve-se notar que João, querendo iniciar seu Evangelho exatamente como Gênesis, terá de fazer em seu grego como em português, isto é, decompor essa palavra em suas duas partes: *en archè*, perdendo seu caráter adverbial, e a coisa não será indolor. Na verdade, a *archè* grega não é o *reshit* judaico, e isso trará uma enxurrada de filósofos gregos que vai começar a helenisticamente acampar no mundo judaico, com uma série de mal-entendidos, alguns realmente providenciais. Porque a partir do choque entre a mentalidade judaica e o ambiente helenístico surgiram, na realidade, nossas sínteses protocristãs, e isso resultou em um crescimento ainda maior. No final, parece que Deus muitas vezes gosta de fazer isso: pegar nossas distorções,

Devemos recordar nossa tarefa: leia esse texto como um paradigma para um caminho existencial e espiritual de regeneração e discernimento. Devemos nos limitar a isso, o que, como veremos, já é um enorme desafio. Veremos que o primeiro dia ocupará mais espaço do que os outros. É preciso estabelecer as fundações.

Frustrando mil curiosidades e o desejo de explicar tantas coisas belas e profundas, como o Evangelho de Lucas diz: "*não vos demoreis para saudar ninguém pelo caminho!*", devemos ir direto e não nos determos.

E então: Como o texto "nos morde"? Como isso nos impacta?

No princípio, criou Deus os céus e a terra (Gn 1,1).

Na origem de tudo existe um Outro. As coisas não começam conosco.

É a primeira declaração essencial. Nós não somos os únicos que começam o negócio. Nós encontramos coisas feitas. Um Outro os tem. Nós não ditamos as condições iniciais. As coisas não estão de acordo com o nosso plano. A realidade não nos obedece. Nós sempre pegamos o bonde andando.

Para recomeçar, esse é o primeiro obstáculo que deve ser vencido: nós começamos pelas coisas como elas são, e não como "deveriam ser".

A sabedoria não consiste em uma teoria em que as situações são marteladas. A pessoa encontra a realidade em suas mãos e a única atitude inteligente é acolhê-la assim como é.

Aqui devo propor um exemplo usado milhares de vezes: o melhor cozinheiro não é o que faz o prato delicioso baseado nos ingredientes, mas aquele que abre a geladeira e inventa algo intrigante baseado no que ele encontra lá. Isso sim é que é arte. Aceitando situações,

---

nossos mal-entendidos, e incorporá-los à sua Providência. Mas, se nos colocarmos nesse discurso, teríamos de fazer uma série discreta de esclarecimentos de ordem teológica e filosófica. Resumindo: melhor não abrir essa porta...

seguindo a essência das coisas, aprimorando o verso da vida. Não se debata ideologicamente contra isso.

O problema é que existem dois criadores: Deus o Pai e a nossa cabeça. Um cria a realidade; o outro a exige. Mas se viermos de um erro, deveríamos saber: todos os erros da nossa vida – e repito essa declaração apodítica, de fato todos – vêm pelo menos em parte deste erro: não ter respeitado as coisas como elas são. Não manter os pés bem fincados na realidade.

## O chefe sempre tem razão

A vida, mesmo que incomode aceitá-lo, é um jogo de tênis em que nunca sirvo. Sempre bate um outro. A bola da realidade vem para mim com seu giro e sua direção, que é o que é.

É o primeiro trauma benéfico para recomeçar ou para começar bem: obedecer às coisas como elas são. Estou onde estou. Combinei o que combinei. O que aconteceu comigo aconteceu. O recomeço deve partir sempre daqui, de onde eu estou. E identifico um dos meus inimigos mais perigosos: minhas pretensões. Minhas expectativas.

Por onde começar: Pela recusa ou pela aceitação? Se algo está fora do caminho, é sempre porque alguma coisa mudou por dentro. *"Nada há fora do homem que, entrando nele, o possa contaminar; mas o que sai do homem é o que o contamina"* (Mc 7,15). Os problemas mais amargos são aqueles que surgem de atitudes erradas. E os verdadeiros erros reais são estes: as atitudes.

Vamos começar com um primeiro conselho simples. A receita diz: um bom fôlego e... engolir as coisas que aconteceram.

Algo aconteceu. Eu estou em um ponto da minha vida que talvez não seja o melhor da minha existência. Bem que poderia ser o pior... Melhor desabsolutizar minha atitude, minha visão das coisas. Há algo maior do que eu e minha impotência. Existe um Pai que é o

Criador. Há duas coisas: abrir-se a Ele ou se esclerosar na amargura, no desânimo. Ou pior ainda na ilusão de Scarlett O'Hara em *E o vento levou*[12].

O Israel que escreve esse texto vive a humilhação pós-exílica, vem de séculos de coisas mais ou menos mal feitas. E não silencia tudo isso. Ele nomeia apropriadamente a realidade:

> A terra, porém, estava sem forma e vazia; havia trevas sobre a face do abismo, e o Espírito de Deus pairava por sobre as águas (Gn 1,2).

Uma série de textos proféticos está ligada a essa, deveras deprimente, descrição do ponto de partida da criação, e é a razão substancial para datar o *Sitz im Leben* [contexto vital] em que o texto foi escrito[13].

Uma situação desconexa, sombria, deformada e desolada. A terra é: "*estava sem forma e vazia*". Uma hendíade[14] prenhe. Estamos em um estado confuso. O solo não tem forma, é desolado e coberto de escuridão, e como entenderemos melhor no segundo dia, está inundado de água.

## Irmão caos

Cabe a nós abrir um parêntese precioso, uma peça essencial de nossa aventura: o caos. Deus o Pai cria o mundo e a coisa começa

---

12 Mas será que tenho mesmo de explicar essa analogia? *Mammamia...* Ela se refere à cena final de um dos filmes mais célebres da história do cinema, *E o vento levou*, 1938, onde a protagonista, Scarlett O'Hara, depois de ser abandonada por seu marido, exprime o estado ilusório de sua vida com a famosa frase: "Pensarei em alguma forma de tê-lo de volta! Afinal, amanhã é um outro dia!" No final, foi Clark Gable quem a derrubou, não Alvaro Vitali. A pertinácia também é compreensível.

13 O principal e mais impressionante é Jr 4,23-26, mas podem ser indicados também Is 45,18; 54,9-10.

14 A hendíade é um recurso retórico em que o mesmo conceito é expresso com dois termos coordenados, em vez de um substantivo determinado por um adjetivo ou um complemento. Aqui, *sem forma* e *vazia*; em hebraico: *tohu wa-bohu*.

como abismo e desolação. Uma leitura rasa que tenta se apresentar como cristã supõe que este seja o esquema da obra de Deus: o estado do *chaos* (em grego: *vazio, abismos*) que é transformado em *kosmos* (em grego: *ordem*, de onde deriva a palavra *cosmética*, o que torna *belo, ordenado*), e a descrição seria justamente o nosso texto, as primeiras frases do Gênesis. Por vezes, estremeci ao ouvir esse material repetido por alguns pregadores. Sem contar que isso é, entre outros, o pensamento de Hesíodo em sua *Teogonia*[15], mas não a Revelação do Deus de Jesus Cristo.

O texto, admitamos, é suscetível a críticas. Porque seria a Palavra de Deus, que começa a ser emitida e continua a criar com sua poderosa dicção, que transforma o abismo em ordem.

Não sou capaz de mostrar como essa lógica não corresponde à leitura patrística que tem parâmetros de outro teor e muito diferentes.

Mas a ideia latente que deve ser rejeitada é aquela que combina os três elementos caos-palavra-cosmos, isto é: o mundo começa em desordem, e Deus, por sua palavra, o leva à ordem e à beleza. O *logos* (que em grego significa *palavra*) é a peça central dessa cosmicização do caos.

Alguém poderia dizer: Tudo bem. O que tem de grave nisso?

Simples: em primeiro lugar, não está claro por que Deus colocaria o mundo primeiro no estado de um desmanche de carros e então começaria a dar-lhe ordem. Por que não o fazer diretamente belo, que seria algo mais rápido? E já isso não se encaixa muito bem.

Porém, mais sutil é que o artífice dessa passagem seria o *logos*, a lógica, o razoável. O mundo, o belo, o bem-feito, seria lógico, compreensível.

---

15 "Sim, bem primeiro nasceu Caos, depois também Terra de amplo seio, de todos sede irresvalável sempre, dos imortais que têm a cabeça do Olimpo nevado" (HESÍODO. *Teogonia*. 3. ed. São Paulo: Iluminuras, 1995, p. 116-117 [trad. Jaa Torrano].

O caótico, o ilógico, seria o malfeito, o errôneo.

Preste atenção, leitor, ao nível em que nos movemos: não se trata do nível filosófico. Eu estou falando de uma mentalidade, uma maneira de ver as coisas: que o que é bem-feito é o que é lógico, linear, compreensível.

Há um problema. Que um matrimônio é um evento caótico. Ser padre é um evento caótico. Trabalhar é um evento caótico, criar um adolescente é um evento imprevisível, sair de férias tem uma dinâmica ilógica, manter um idoso em casa tira a vida do eixo, uma fraternidade cristã ou apenas humana é uma bagunça, uma doença chega até você sem sentido, ter um filho é pura desordem. Um dia nunca acontece do jeito que você pensa. As coisas nunca são como "deveriam" ser.

O mundo é caótico. Permanece assim. A cruz de Cristo é loucura e escândalo (cf. 1Cor 1,18-23). Eu sou caótico. Nasço pobre, insuficiente. E continuo assim por toda a vida.

E em vez disso: todo mundo espera alguma ordem, alguma regularidade real, e nós gastamos tempo colocando vida em papel milimetrado, planejando, configurando, como se fosse um objeto domesticável.

E todos procurando pelo demiurgo, um santo, uma ideia, um zero ortogonal que finalmente coloca tudo de volta no lugar.

Que atormentador plantou em nossa alma a necessidade de entender tudo e pensar mal daquilo que não entendemos? Que mau déspota nos obrigou a nos torturar porque somos "vazio", somos caos, esperando desnecessariamente pelo dia em que tudo será lógico e compreensível, ordeiro e organizado?

Ainda esperamos pelo mundo regular, simétrico e ordenado. Aquele que não recebemos.

Não existe simetria na natureza. Até mesmo os cristais mais perfeitos não são realmente simétricos. A simetria é uma exigência do nosso desejo de classificar o real.

As mulheres perseguem aqueles 4-5 anos de físico apresentável e o imitam pelo resto da existência – empregada no esforço da cosmética. "Querida, eu te fiz uma surpresa, desça logo porque vamos sair." – "Agora?! Mas justo agora?! Preciso me arrumar toda. Mas você não entende nada disso…"

Considere dizer a um homem que todo mundo tem um olho maior e um menor que tudo estará bem, mas uma mulher tentará lhes dar alguma simetria toda vez que se maquia. Essa simetria custa esforço. Os alinhamentos regulares não existem.

Você ajeita as coisas. Nunca termina. Um dia terá de entender que é necessário "deixar os mortos enterrar seus mortos" (Lc 9,60) se quiser começar a entender algo sobre o Reino dos Céus.

Cristo nasce em uma situação caótica, não há lugar para Ele na hospedaria, é ameaçado por um rei e deve passar os primeiros anos de sua infância como um refugiado no Egito. Algo não está certo.

Certa vez, um rapaz me contou sobre seu primeiro dia na escola. O professor deu-lhe uma página de círculos para fazer em casa. Quando ele voltou para casa, comeu com entusiasmo e começou a orgulhosamente "fazer o dever de casa". Na primeira página do caderno, fez um pequeno círculo. Não ficou bem-feito. Apagou. Refez. Estava errado. Apagou. Ele fez de novo. Ainda imperfeito. Apagou de novo. E o fez de novo…

Arrancaram-lhe o caderno porque já era noite. Ele havia perfurado o papel. Aquele menino acrescentou: "Estou fazendo aquele pequeno círculo por toda a minha vida".

Por toda a nossa vida esperamos ter ajeitado as coisas. Durante toda a vida sentimos que nos falta algo para chegar. Estamos todos esperando que nossa vida esteja pronta para partir.

Falta-nos algo. Sempre. Sempre insatisfeitos, tortos, não apresentáveis.

Caóticos.

E nós não aceitamos isso. Mais cedo ou mais tarde, com todas as pessoas vindo até mim, encontrarei Aquele que me torturou desde que eu me entendo por gente: o "normal". Vamos, todos juntos, mandar embora esse desgraçado.

É toda uma vida que não me sinto normal e encontro pessoas que não se sentem normais. Como seria alguém "normal"? Sei lá. Nunca vi ninguém assim.

Todo mundo está com raiva de si mesmo, dos outros, do mundo, em última análise, de Deus. Porque Ele não fez as coisas quadradinhas. Somos todos círculos malfeitos.

Mas, na física, o caos, curiosamente, não é um estado sem ordem, mas com uma ordem tão alta que não pode ser aproveitada em nossa matemática. Existem sistemas físicos que apresentam uma realidade de dinâmica exponencial em relação às condições iniciais. São sistemas presididos por leis deterministas, embora apareçam com aleatoriedade empírica na evolução das variáveis dinâmicas. Esse comportamento aleatório é apenas aparente, porque se manifesta quando se compara a tendência temporal assintótica de dois sistemas com configurações iniciais que são arbitrariamente semelhantes entre si.

Gente! Posso até dar uma de inteligente usando Wikipédia! Bem, um pouco eu parafraseei e simplifiquei. Mas alguma coisinha ainda me lembro de quando ouvi meu pai, meu único verdadeiro professor de Física.

Em poucas palavras: como se estivéssemos tentando entender a logística global de todos os sistemas necessários para lançar, manter em órbita e devolver uma nave espacial da estrutura organizacional de um saca-rolhas. Raciocinamos como se estivéssemos usando um saca-rolhas (às vezes nem mesmo entendendo como funciona), e julgamos a realidade universal, um milhão de vezes mais complexa do que o sistema organizacional de uma nave espacial.

E enquanto eu conheço até mesmo pessoas que usam mal um saca-rolhas – acabando com a rolha ao puxá-la – todos nós olhamos para a realidade e avaliamos: está malfeita, não funciona.

(Com pouco sucesso, quando adolescente, tentei explicar várias vezes para minha mãe que meu quarto correspondia ao conceito físico de caos. Uma simetria de acordo com uma ordem superior. Mas acho que ela não se convenceu...)

Mas por que se deter nesse ponto? Porque para recomeçar inicia-se com o caos. Começa-se aceitando o fato de sermos despedaçados como um copo velho. De não sermos simétricos. De já termos perdido uns pedaços, mesmo se você for muito jovem.

> O Verbo estava no mundo, o mundo foi feito por intermédio dele, mas o mundo não o conheceu. Veio para o que era seu, e os seus não o receberam (Jo 1,10-11).

Quando Jesus veio, não encontrou as coisas simétricas. Ele entrou no plano do Pai que não é um saca-rolhas. É o mistério escondido ao longo dos séculos. É possível que, para trazer nova vida, a vida de Deus ao homem, fosse apropriado passar por coisas tortas? Pela recusa? Pela incompreensão? Pela perseguição de um rei louco como Herodes? Pelo ciúme de quatro sacerdotes medíocres? Pelos mesquinhos e parvos esquemas de mestres hipócritas como os fariseus?

Repetimos a primeira dica: engolir o real. Recebê-lo. Pare de lutar contra ele. Acolha o seu estar vivo e pouco mais.

Aceite que não começamos resolvidos. Não começamos com as coisas ajeitadas. Viajamos nesta vida como pobres. Nós decolamos desequilibrados. Com as mãos vazias e sem termos do que nos gabar. É assim que começa. A doutrina cristã fala de *"creatio ex nihilo"*. Do nada.

De lá se parte.

## A primeira vocação

> *"...e o Espírito de Deus pairava por sobre as águas" (Gn 1,2).*

Naquele abismo inundado pairava o *"vento"* de Deus. Em hebraico, a palavra "pairava" é *merahefet* e é uma palavra interessante: é o ato de incubação. Como um pássaro choca seus ovos. O Espírito de Deus chocava o abismo. Cuidava dos filhotes que deveriam chegar.

O problema é que antes de entender o que precisa ser feito, no caso de algo dever ser feito, antes de entender qual é a nossa tarefa, mesmo que seja nossa vocação, deveríamos ter aceitado a primeira vocação: viver. Não é pouco. Alguém nos chocou, ele pensou que devíamos *ser*. Ele preparou nossa irrupção na vida.

Quantas vezes, ajudando rapazes e moças a discernir a vontade de Deus, dei de cara com um "não" inconsciente, mas rígido, uma negação de aço, um nó apertado e estreito. Não tendo aceitado viver. A atividade, também a eclesial, o serviço, o voluntariado, usado como narcótico de uma dor profunda, o sentimento de indignidade de viver. A vida como algo que não merecemos.

Quantas vezes no meu ministério tive uma dor pungente, como a de uma mãe que descobre que sua filha se sente errada, feia, que se vê como um erro, uma dor que a dilacera. Eu acho que essa dor veio até mim de muito longe, do coração de Deus, um pai que vê seu filho se autodestruindo, desprezando a si mesmo, e não consegue fazê-lo entender quão precioso ele é.

Se eu gritei alguma coisa, com toda força, no meu ministério, todos esses anos, foi isto: Você é uma coisa linda!

Você é importante! E muitas vezes eu gritei no meio do barulho de desespero, de resignação, de uma submissão de batalha perdida já no começo. Tentando dominar o ruído interior da tendência à rendição incondicional.

Como abelhas que renunciam ao próprio mel, como músicos que jogam fora seus instrumentos, tantos jovens, e não mais jovens, estão convencidos de sua própria inutilidade. Ah! Que dor! Você fica aí parado diante de uma criança infeliz e não sabe como fazê-la sorrir.

> Porque amais tudo que existe, e não odiais nada do que fizestes, porquanto, se o odiásseis, não o teríeis feito de modo algum. Como poderia subsistir qualquer coisa, se não o tivésseis querido, e conservar a existência, se por vós não tivesse sido chamada? Mas poupais todos os seres, porque todos são vossos, ó Senhor, que amais a vida (Sb 11,24-26).

Amante da vida! Que chama à existência.

Mas é possível responder não a um chamado? Inevitavelmente.

Caso contrário, seria uma obrigação e não seríamos pessoas, mas autômatos.

De fato, o castelo de nossa desintegração da vida é um castelo que só pode ser conquistado por dentro.

Nascidos sem a nossa própria aprovação, a vida que Deus nos deu como um cachorrinho abana o rabo ao redor nos perguntando mil vezes: "Você me aceita? Vai, diz que sim!"

Pode ser que não nos tenhamos incomodado em dizer esse Sim. Mas só nós podemos dizê-lo. Deus não pode impor isso.

Eu vi pessoas pobres de países em desenvolvimento que talvez raramente comessem, mas que estavam entusiasmadas com a vida. Mas também vi pessoas do mundo desenvolvido de cara amarrada, autodestrutivas, fora de si por causa de narcóticos.

E romanos esvaziados. Mas como pode ser isso? Como pode haver romanos sem o traço de caráter essencialmente romano? Invejável, esplêndido: uma abençoada indiferença. A sobrancelha ergueu-se suficientemente na direção do Império, do Vaticano, do Renascimento, do Barroco doentio, do Ressurgimento, de tudo.

Mas como se pode perder esse desapego divertido, essa imobilidade de seu próprio arranjo que faz com que as pessoas romanas tenham certeza de sobreviver? E como esses romanos estão certos. Eles levam jeito diante das dificuldades, sabem virar a página. Quantas pessoas pobres em todo o mundo conhecem essa arte que no fundo tem uma verdade maravilhosa e luminosa: eu estou vivo, e isso não é pouco.

Estamos vivos, e não é pouco. Muitas vezes é o suficiente e ainda sobra.

Que seja o suficiente, porque o que sobrevém do maligno!

Eu vi crianças com vidas condicionadas pela doença sendo um grito de vitalidade, e pessoas tão bonitas quanto o sol e vigorosas como uma cachoeira como que envoltas em selos de chumbo.

Devemos pegar essa dor opaca, feita de desapontamento, tecida de deslegitimação, e colocá-la aos pés do Crucificado, entregá-la Àquele que pensou que nossa vida valeria a dele.

Para recomeçar é preciso pensar que se tenha o direito de fazê-lo.

E nós, se olharmos de perto, não sabemos como garantir isso, como nos dar esse "ok".

Mas existe Um que acredita que isso é certo.

Eu olho para Cristo e me pergunto: Mas o que você acha de mim para morrer por mim? Ele está lá e o faz. Continua lá porque já o fez.

Cristo me amou antes das minhas obras. O Pai o deu para mim.

Antes de recomeçar, antes de dar o passo certo, eu "sou certo". Ele me fez. Nem mesmo Judas devia se matar. Seu suicídio foi seu maior pecado. Ele não deveria se destruir. Poderia recomeçar, bendito seja Deus; sim, ele poderia recomeçar! Qualquer um pode recomeçar.

Porque estamos vivos.

E essa é a vontade de Deus.

## O primeiro passo

Dizer sim ao fato de que estamos aqui e não se surpreender que partamos do caos. Dar-se o direito de recomeçar, porque isso nos é concedido do alto, mesmo que sejamos muito pobres.

E então?

> Disse Deus: Haja luz; e houve luz. E viu Deus que a luz era boa; e fez separação entre a luz e as trevas. Chamou Deus à luz Dia e às trevas, Noite (Gn 1,3-5a).

Aqui estamos. É daqui que se parte. Antes mesmo de apreciar a palavra que Deus diz, notamos que segue imediatamente uma primeira separação. Nesse texto de separações, de distinções, ainda ocorrerão muitas outras. É por isso que é um texto muito útil para iniciar o caminho do discernimento.

Aqui a luz se distingue das trevas, que são chamadas de "dia" e "noite". Por que nomear? Esse ato que veremos repetido em outro lugar, aparece aqui como uma explicação do quê? A primeira palavra de Deus é: "*Haja luz!*" O que é bom, algo a distinguir, é chamado de *dia* e deve ser distinguido da *noite*. A luz, deve-se notar, é o absoluto do universo: Einstein se detém na velocidade da luz como uma constante para estabelecer energia com base na variável massa para sua famosa equação...

A luz é boa. Em hebraico, o termo "*tov*", "bom", como já mencionado, significa: o belo, o bom, o justo e tudo o que há de positivo.

Ouçamos São Paulo:

> Pois, outrora, éreis trevas, porém, agora, sois luz no Senhor; andai como filhos da luz (porque o fruto da luz consiste em toda bondade, e justiça, e verdade), provando sempre o que é agradável ao Senhor. E não sejais cúmplices nas obras infrutíferas das trevas; antes, porém, reprovai-as. Porque o que eles fazem em oculto, o só referir é vergonha. Mas todas as coisas, quando

> reprovadas pela luz, se tornam manifestas; porque tudo que se manifesta é luz (Ef 5,8-13).

Luz e trevas podem ser entendidas em muitas chaves, mas é claro que esta é uma linha tipicamente bíblica: a luz é o bom, o válido. Ser filhos de luz significa viajar em direção a belos frutos, alcançando coisas belas. E a escuridão deve ser abertamente denunciada como tal. Enquanto nós devemos tentar entender *"sempre o que é agradável ao Senhor"*.

Repetimos: estes são chamados *dia* e *noite*.

São Paulo, em outra passagem, nos ajuda a entender melhor:

> Mas vós, irmãos, não estais em trevas, para que esse dia como ladrão vos apanhe de surpresa; porquanto vós todos sois filhos da luz e filhos do dia; nós não somos da noite, nem das trevas. Assim, pois, não durmamos como os demais; pelo contrário, vigiemos e sejamos sóbrios. Ora, os que dormem, dormem de noite, e os que se embriagam é de noite que se embriagam. Nós, porém, que somos do dia, sejamos sóbrios, revestindo-nos da couraça da fé e do amor e tomando como capacete a esperança da salvação (1Ts 5,4-8).

O dia e a noite, portanto, são o que deve ser feito e o que não deve ser feito. O dia é o espaço da atividade, a noite é o âmbito das coisas das quais se abster.

E imediatamente deve ser acrescentado que toda a nossa jornada será sob esse *"Que haja luz!"* O que é dia é o que deveremos abraçar e, tanto quanto pudermos, afastar-nos do que é noite. Jesus, para explicar por que faz algo que os discípulos não compartilham – quando decide retornar à Judeia, apesar dos riscos de ser morto (e será) –, diz:

> Respondeu Jesus: Não são doze as horas do dia? Se alguém andar de dia, não tropeça, porque vê a luz deste mundo; mas, se andar de noite, tropeça, porque nele não há luz (Jo 11,9-10).

Ele está falando de sua missão. Dois capítulos antes, diz:

> É necessário que façamos as obras daquele que me enviou, enquanto é dia; a noite vem, quando ninguém pode trabalhar (Jo 9,4).

O dia é, portanto, a missão. A noite é o que está fora da nossa missão.

Caminhar durante o dia significa não tropeçar.

Uma das coisas que, em minha vida, tive de aprender com dor, e que nunca me canso de repetir: O trabalho em que o inimigo da natureza humana – como Santo Inácio de Loyola o chama – é mais pertinente não seria o de nos ferir? Quem pensa assim está na "idade da pedra" espiritual. Seu trabalho fundamental não é nos fazer bem. Algo muito diferente.

Não é importante que a escuridão nos faça coisas ruins. Em si, o problema não está lá. Veremos isso melhor no quarto dia, mas deve ser dito que o importante para o pai da mentira é que permaneçamos longe de nossos dias, de nossas obras, do bem que é nosso e que são nossas doze horas de atividade abençoada. Assim, mesmo com coisas inofensivas ou eticamente louváveis, o importante é: fazer com que desperdicemos nosso tempo.

Uma vida de perda de tempo. Uma vida de atrasos nas coisas realmente "nossas".

A primeira coisa a dizer a tantas pessoas é: o dia é dia e noite é noite. Quantos homens e mulheres passam as noites "pastando" em frente à televisão ou os dias em coisas estúpidas. Quanto tempo é desperdiçado!

O dia é o dia e de dia se trabalha, à noite se dorme. Parece normal, mas para muitas pessoas não é bem assim. Você perde tempo com besteiras; e confere as notícias; e enrola na internet, no e-mail, no Facebook; e tuíta idiotices; e *zapeia* umas piadas; e assiste aos *talk-shows* pela madrugada... Mas talvez nunca tenha contado ao filho uma história para fazê-lo dormir, porque faltou tempo. E agora você se dá conta que é tarde demais. E procura por aquele livro que não se lembra mais onde o colocou, e a inércia de conversas inconsistentes que o fazem perder uma hora de sono pelo vazio. A montanha de coisas que você pode: a) fazer em silêncio amanhã, ou melhor: b) não fazer de jeito nenhum.

Você não consegue encontrar o caminho da cama. Os e-mails de uma hora da manhã, que você nunca deve cometer o erro de enviar – eles dizem que depois das 11 da noite os níveis críticos de pensamento são quebrados, e o que você diz e escreve geralmente está fora do quadrado. Então, no dia seguinte, leia novamente e diga: Mas o que eu escrevi?

Depois, há as noites "transversais", no sentido de que você as coloca de lado no meio do dia: agora eu rezo, mas primeiro olho uma coisa por um momento (e acabo não rezando), ou começo um discurso importante com uma curiosidade que não tem nada a ver com nada, e acabo falando apenas disso; e saio para pegar alguma coisa certa e voltar com dois sacos de mercadoria; e um dos melhores: elaborar uma lista de coisas a fazer e gastar muito tempo nisso...

E o que mais? Perguntei aos casais meus colaboradores e eles me deram *feedback* de uma dispersão assustadora que coloco em nota de rodapé para a salvação da economia expositiva[16].

---

16 Cinquentões que jogam Playstation; e mulheres correndo pela Ikea; e a contagem de *likes* nas redes sociais; e os triângulos de Bermudas existenciais de 5 horas perdidas em um estado cataléptico para procurar um livro na Amazon e ficar na corrente de Santo Antônio dos "também poderia lhe interessar"; e o aprofundamento do YouTube, da Wikipedia, da Netflix, bem como voltar à pista com todos os episódios anteriores daquela série que você infelizmente viu um episódio da sexta temporada; e a última razão para existir no terceiro milênio, isto é, as *selfies*, que até o Papa faz; e se abre a porta para uma resposta a um post no Facebook e adeus às próximas 3 horas de discussões; e ao procurar por ofertas melhores na OLX você selecionando outras; e a análise autodestrutiva feminina dos defeitos físicos e a fantasia de possíveis intervenções "invisíveis" da blefaroplastia; e a leitura da construção paratática dos folhetos dos descontos oferecidos pelas lojas; e a tentativa de reler

Mas estes são apenas exemplos "suaves". E pensar no tempo perdido para todos os sete – mais um – pecados capitais (sete para os ocidentais, oito para os orientais). A natureza primária do pecado, na verdade, é a "falha", a ausência, a perda.

Uma rápida visão geral permite-lhe apreciar quanto tempo se perde com o pecado; e se os exemplos que acabamos de dar ou os que estão em nota podem todos ser tratados como preguiça, não devemos nos esquecer da vida perdida pela raiva – roendo uns aos outros e talvez não sendo capazes de adormecer; ou inveja – cuidando da vida alheia. E as dispersões fundamentais com a garganta e todas as fixações de bem-estar, parágrafo do próprio capítulo da garganta; e o buraco negro degenerativo da luxúria. A tendência centrípeta do orgulho que dispersa as coisas e as ansiedades perigosas e dispersivas da avareza. E a tristeza, o oitavo pensamento maligno – que nós ocidentais não temos por incompletude do nosso elenco, não pela ausência de atividade – que engolfa a inteligência nos pensamentos obscuros, levando a ação à loucura.

O problema do pecado não é pecado, mas aquilo do qual este é alternativa: amor. Então todo o tempo gasto não amando é noite, é escuridão. Pode parecer bobo, como nos exemplos anteriores, ou grave, mas o efeito é o mesmo: não entrar na luz.

Alguém disse que não importa se um pássaro está amarrado a um fio de lã ou a uma corrente: em qualquer caso, ele não voa.

A tentação operativa, neste momento, seria começar a fazer a lista das dispersões. Mas seria um erro grave. Então, cairíamos no velho erro de sempre:

---

as mensagens dos grupos de Whatsapp para deletar os inúteis; e os maridos que falam de esposas em um estado de "mudança de temporada viciada", enquanto as esposas encontram seus maridos em um estado de maravilha catatônica diante das notícias do mercado futebolístico das transferências. Uma vida dilapidada. Basicamente em redes sociais e idolatrias relacionadas.

> Há no coração do ímpio a voz da transgressão; não há temor de Deus diante de seus olhos. Porque a transgressão o lisonjeia a seus olhos e lhe diz que a sua iniquidade não há de ser descoberta, nem detestada. As palavras de sua boca são malícia e dolo; abjurou o discernimento e a prática do bem (Sl 36,1-4)[17].

Aqui está: não colocar a falha, a dispersão, sob a lente de um microscópio, porque isso também é uma perda de tempo. É a armadilha da autoanálise estéril. É a extrema terminação do pecado que fala no coração dos ímpios. Narcisisticamente, o pecado fala de si mesmo, dando o prazer da solução aparente por meio da compreensão. Depois de ter identificado e descrito o pecado, você apenas o identificou e descreveu, mas se sente satisfeito com a ilusão de ter assumido o timão desse navio carregado de lixo...

Aqui, trata-se de *"entender e fazer o bem"*. O que isso significa?

## Haja luz!

Deus disse: "Haja luz!" E a luz foi feita. E daí?

Imaginemo-nos em um quarto escuro (quando eu prego esse caminho aos jovens, realmente faço isso) e que alguém enquanto estamos no escuro, finalmente encontre o interruptor e acenda a luz: somos perturbados pela luz que vem; mas, imediatamente depois, vemos coisas, objetos. Existem as primeiras coisas que aparecem, as macroscópicas, as que, de fato, conseguimos ver imediatamente.

---

[17] No original italiano, o autor utiliza uma tradução de 1974, diferente da que atualmente é utilizada pela Bíblia da Conferência Episcopal Italiana (CEI). A tradução de 1974 é utilizada na oração comunitária. No Brasil, o contexto é bastante diverso. Há inúmeras traduções e edições da Bíblia em circulação, o que diminui o problema evidenciado pelo autor no original. Em todo caso, traduzo a nota como vinha no original italiano [N.T]: Sl 36,2-4 [sic!] na antiga tradução, a de 1974, com a qual, graças a Deus, ainda se reza – ao menos o Saltério. A nova [tradução], mais fiel ao hebraico, parece-me engasgada pelo nosso literalismo intelectualista. Há muitos "rezar/orar" na nova tradução de 2008, mas não nos salmos.

Não veremos todos os detalhes, não teremos uma análise completa, detalhada e exaustiva do lugar onde estamos, mas vamos experimentar o impacto com os objetos relevantes; a primeira evidência aparecerá, é isso que chama imediatamente a atenção.

Isso vale também para a vida espiritual: não podemos partir das minúcias, dos detalhes, das lutas específicas, dos vícios tomados um a um, mas das primeiras evidências.

Na vida, tanto interior como exterior, para deixar Deus nos reconstruir, é inútil partir dos detalhes: precisamos partir das coisas maiores, daquelas que são vistas assim que a luz é acesa.

Esse é um outro modo de apresentar aquilo que a tradição espiritual também chamará de "a *vontade de Deus significada*": aquilo que é "*evidentemente*" a vontade de Deus.

A primeira coisa a se concentrar em deixar a generosidade do Pai reconstruir, se caímos, ou para voltar a funcionar bem e voltarmos à sintonia com Ele deve ser algo que esteja ao nosso alcance, algo imediatamente disponível.

O que segue é muito importante: *há coisas que não precisam de discernimento*. Há realidades que estão diante de nós como autoevidentes. Não há necessidade de você buscar sei lá que tipo de análise complicada para vê-los. Estão antes do discernimento. Acenda a luz e veja.

São tão óbvias que não são levadas em consideração.

Coloquemos a nós mesmos uma santa pergunta: Antes de procurar por coisas que eu não sei, quais são as coisas que eu já conheço? O que já é certo? Qual é a primeira certeza em que devo me concentrar? Aqui não é uma questão de saber, mas de reconhecer...

Antes de se examinar no espelho, talvez eu precise limpá-lo, para que uma mancha no espelho não seja confundida com um problema meu...

Curioso: para começar a fazer o discernimento, devemos começar por identificar as áreas do que deve ser acolhido, o que deve ser admitido e o que teremos de descobrir, bem menos do que pensamos.

Porque o estranho é que a luz, muitas vezes, já está lá.

A luz não é obra nossa. É uma dádiva de Deus, mas há algo de estranho neste texto: não se fala do sol. O sol é criado no quarto dia. Então, de que estamos falando?

> A verdadeira luz, que, vinda ao mundo, ilumina a todo homem. O Verbo estava no mundo, o mundo foi feito por intermédio dele (Jo 1,9-10a).

A luz verdadeira. Aquela da qual a física é apenas analogia. Algo para o qual estamos predispostos, porque ilumina toda pessoa. Deve vir, é a luz que iluminará o mundo e brilhará no escuro, quando o sol se escurecer (Mc 15,33). Não vai precisar do sol, pois brilhará nas trevas (1Jo 2,8b). Mas "é" desde sempre, porque o mundo foi feito por meio dele.

Há extraordinárias meditações dos Pais da Igreja a esse respeito, mas pobremente acrescento uma experiência simples: acompanhando vários adultos ao batismo, pessoas que cresceram tão longe quanto possível de padres e freiras, muitas vezes crianças de sessenta e oito dogmas, como diz Fabrice Hadjadj[18], eu descobri que a luz, a verdadeira, nesses filhos do dogmatismo ateísta, já existia, apesar dos seus pais. Deus é generoso, e muito. E Ele passa por você, naquela época quando criança, naquele dia no hospital, naquela noite não sei onde. E você não se esquece mais. Você não consegue chegar ao batismo e à nova vida somente com isso, mas Deus envia as estrelas-cadentes aos pagãos. E é tão bonito quando o buscam até encontrá-lo. Então terão de encontrar Jerusalém e as Escrituras, e no final a Mãe de um Novo Homem a quem dar tudo porque Ele doa tudo. E caminharão

---

18 *Resurrezione – Istruzione per l'uso*. Milão: Arcs, 2017, p. 5-6.

de maneiras diferentes. Mas tudo começa com uma irrupção que não pede fé, que é apenas um dom. Isso é autoevidente.

Este é o primeiro dia: a luz que vem antes de tudo que você tenta ser. A luz daquilo que você é. O próprio fato de você estar aí.

Nós talvez tenhamos bem pequenininha, escondida, enterrada, silenciosa, gentil, respeitosa, mas é verdadeira, uma luz na alma. Não nos basta salvarmos a nós mesmos, porque é pura graça, e a graça não é imposta. Ela existe. Já está aí.

Mil vezes eu perguntei às pessoas que me contaram histórias dolorosas: Mas você, realmente, além do papel de vítima que me mostrou em sua história, por que você acha que isso aconteceu com você? E, se a pessoa retira a máscara do papel que assumiu, pode-se ouvir maravilhas.

Eu me lembro de uma mulher sem uma perna desde que ela era criança. Eu não sei como pude lhe dizer que aquela deficiência era uma porta aberta para o Reino dos Céus, que isso era um potencial, não um beco sem saída, que ela poderia conhecer a arte de se consolar se ela concordasse em usar aquela cruz assustadora como Cristo usou a sua e que eu não sabia por que Deus permitiu que essa trágica realidade afetasse toda a sua vida, mas que havia um segredo que o Pai lhe havia dito e que deveria ser acolhido... minhas palavras terminaram. Ele olhou para mim, o rosto contraído, os olhos arregalados. Tive tempo de pedir perdão a Deus se a tivesse machucado ou banalizado sua condição, me preparando para me desculpar e... Explodiu. Ela bateu com o punho no braço da cadeira de rodas e gritou: "Eu sabia! Eu sabia que isso não era uma desgraça! Eu sempre soube que isso seria para alguma coisa! Nunca contei a ninguém, mas quando criança pensei: minha vida tem um significado! Tudo isso não é por acaso! Naquele momento, aquela mulher estava um passo à frente de um oceano de homens e mulheres fisicamente bípedes, mas existencialmente coxos.

Como quando você está diante de um enfermo alegre. E você sente que o que ele comunica não é um personagem positivo trivial, mas algo verdadeiro e ponto-final. Que a vida é bela e que não nascemos para estar bem, mas para amar, e aqueles que o fazem, que se abrem para fazê-lo, entram no caminho certo.

A luz. Ela está lá. Dentro. Não é suficiente, mas existe. São necessários o Senhor e a ajuda daqueles que o conhecem para que essa luz resplenda e salve você, mas ela existe.

E ela ajuda a recomeçar. Porque eu preciso de um motivo para recomeçar a caminhada. Eu preciso de um impulso interior, eu preciso procurar por algo que eu sei que está lá. E a razão é escrita pela graça dentro da minha alma. Eu sei que não posso me descartar, sei que não posso me perder. Essa voz luta contra mil vozes raivosas e obscuras. Mas posso escutá-la.

Este é um exercício importante antes de passar para o aspecto prático: escutar aquela voz pequenina, mas verdadeira. Pare – custe o tempo que custar – e diga a Deus Pai: Fala-me. Por favor. Diz-me que Tu me criaste. Lembra-me de quando passaste por mim e me acariciaste.

E essa carícia é uma semente de esperança. É o desejo de recomeçar. É algo que sorri por dentro. Está diante dos pecados. Sou eu e é você. Algo que queremos viver. Que não estamos infelizes em estar lá. Não, não estamos. Que nos percebemos como preciosos. E é a verdade.

Se alguém a deixa fluir, nada mudou ao redor, mas a direção interna é outra.

E então você tem um novo esboço interno de coragem, de desejo de tentar novamente.

## E houve luz!

Então passemos para a prática: e começamos, de fato, a partir das primeiras evidências. Em suma, o conceito será o do pronto-socorro.

Quando eu falo com os jovens que fizeram esse caminho, é a primeira coisa que eles se lembram: *mammamia*, a primeira evidência!... quanto me ajudaram! De vez em quando penso nelas...

Muitas vezes devemos partir do mais banal: *o corpo*. Há quem queira partir de sei lá o quê, de algum tipo de vocação específica. Mas quase sempre o primordial é desativar a atividade autodestrutiva generalizada: À noite, quando você vai dormir? De manhã, quando você se levanta? A que horas você reza? Como você está comendo? Coisas básicas mas importantes, como cuidar do corpo e das situações da vida.

E, a partir do corpo, deve-se começar o questionamento sobre a saúde, tipo: Mas quando você vai ao médico para um *check-up*? Quando vai parar de comer porcaria? Quando fará um exame de sangue?

Então precisamos olhar *para o espaço*. Alguns estão no lugar errado, conhecem-no perfeitamente e podem se deslocar, mas retornam. Enquanto isso, eles talvez se perguntem se deveriam partir para a África, mas basta mudar muito menos... Outros precisam arrumar seu quarto. E muitas vezes não se trata de adolescentes, mas de adultos. Às vezes até padres. Eu diria que 70% das pessoas entram nessa estatística. Gostariam de discutir a estrutura da sociedade civil ou eclesial, mas precisam de um adivinho para encontrar qualquer coisa em seus quartos.

Eu digo: Se você quer começar a se preparar para uma prova, mas tem sobre a escrivaninha três diferentes níveis de papelada, o que faz? Coloca os livros necessários para a prova sobre as coisas acumuladas ali, ou primeiro tira o que há sobre a mesa? Deixe espaço para sua vida, remova coisas que não são "vida".

Então, obviamente, considera-se para o *tempo*. A zona cronológica para fazer as coisas: Quanto e quando você faz o quê? Esse tipo de análise deve ser feito entre a seriedade e a diversão porque tem um impacto traumático. Não é necessário desencorajar as pessoas. Porque se você começar a analisar o uso do corpo, do tempo e do espaço, poderá ficar muito deprimido...

Alguns antigos diretores espirituais fizeram um exercício sádico: "deves anotar para mim tudo o que fazes a cada meia hora, desde a hora em que te levantas até quando te deitas". Meu primeiro diretor espiritual me fez fazer isso. Uma semana. Não consegui mostrar-lhe o resultado; fiquei muito envergonhado. Mas eu entendi muitas coisas. E ele riu, riu. Pe. Marcello Pieraccini, Deus o tenha... quanto bem ele me fez!

Assim começa-se a pôr os pés no chão. E talvez se descubra a própria alienação. Deus está esperando por você em sua vida real, mas você é quem não está lá. E, se você quer viver melhor, vale a pena entrar nessa vida...

Chega de coisas para reconhecer? Claro que não!

É útil passar, como dizem tecnicamente, aos *deveres de ofício*. Essas coisas que estão implícitas em sua condição. Aquelas que, por definição, não podemos duvidar que você faça e, assim, quebre o fio autodestrutivo e lance as bases para o discernimento.

Vamos dar apenas alguns exemplos.

Você seria...? Estudante? E como você está com as notas? Às vezes, momentos de silêncio seguem em que o garoto que está na minha frente pensa: "Mas por que fui pedir uma conversa?"

Você é pai ou mãe de uma família? Será que São Barsanúfio do Monte Trombone precisa aparecer cercado de glória para dizer que você não tem tempo para o futebol ou para aquela série da Netflix? E se você não fala com sua esposa, é difícil que vocês se entendam. E se é um pai ou mãe ausente, ainda espera que seu filho cresça sem nenhuma carência?

"Mas eu queria fazer o caminho de Santiago..." – "Sim, tudo bem, pode fazê-lo, mas o problema é como vai sua relação com seu cônjuge? Com seus filhos? Você passa algum tempo com eles?"

Então, talvez você fale com sua mulher e ela responde: Sim, ele quer partir para Santiago, mas são três meses que a persiana da sala está quebrada, basta meia hora para consertá-la, mas ele sempre diz que não tem tempo...

Já as primeiras evidências... devemos sempre começar delas. Melhor o simples do que o complicado, sempre.

Recomece visitando sua tia hospitalizada há dois meses. Recomece por aquilo que você sempre reduz ao último a pagar. Recomece por seus desmazelos. Limpe o espelho para depois se ver nele.

Na vida espiritual, não se pode partir de coisas notórias, mas do simples. E eis que uma série de pessoas vai de padre em padre, de escola espiritual em escola espiritual, procurando experiências envolventes impressionantes e emocionais. E acabam sempre na mesma estagnação.

Talvez a simples regularidade de uma curta e constante oração diária na hora certa seja a primeira coisa a ser feita. Alguém gostaria de ir do zero a São Francisco em doze lições. Não, isso é impossível.

Nas montanhas, quando vai escalar, você deve começar em um ritmo calmo, não pode correr no começo, senão estagna e nunca chega ao cume. É necessário ir com humildade, passo a passo.

Ai de quem começa só com as coisas mais sublimes, porque não servem para nada, não têm uma base, um recipiente no qual se derramarem. Devemos primeiramente encontrar uma caixa para colocar as coisas mais importantes e complicadas que veremos mais adiante; essa caixa é representada pelos bons hábitos que combatem nossa autodestruição.

Geralmente essas coisas já estão claras. Devem ser pressupostas.

O conselho que deixo aos jovens a esta altura é: faça uma lista de evidências iniciais; quatro e cinco, talvez menos. Se enumerar mais do que isso, já é história.

Às vezes fazemos um teste entre nós. E muitas vezes rimos a valer.

Tentar reconhecer as primeiras evidências.

É muito bom admiti-las. E recomeçamos, talvez depois de tanto tempo, a cuidar de nós mesmos, obedecendo à luz primária, que diz: olhe, é bom que você exista também! Pare de abusar de si mesmo!

Se, então, alguém fizer essa lista e tiver a coragem de submetê-la a alguém que realmente o ama – porque somente aqueles que realmente o amam olham para você – terá um *feedback* esclarecedor.

Quando você acaba admitindo algo que você não pode mais protelar, e o outro silenciosamente acena com a cabeça, ou explode: "chegou a hora!", então você tem a certeza de que não deu um tiro no escuro.

Se você tiver um diretor espiritual – uma espécie em risco de extinção – e tiver a coragem de lhe apresentar sua primeira evidência, então terá grande vantagem. E Deus, o Pai, aumentará essa luz em seu coração.

# Segundo dia
## O dom das prioridades

*"Deus não é de confusão, e sim de paz" (1Cor 14,33)*

> *E disse Deus: Haja firmamento no meio das águas e separação entre águas e águas. Fez, pois, Deus o firmamento e separação entre as águas debaixo do firmamento e as águas sobre o firmamento. E assim se fez. E chamou Deus ao firmamento Céus. Houve tarde e manhã, o segundo dia (Gn 1,6-8).*

O povo que nos transmite esse texto litúrgico – porque toda a Bíblia é essencialmente isso – tem sua própria mentalidade que aqui deixa sua marca patente.

Para entender o segundo dia, precisamos entender o significado da água para Israel.

Um povo que habita um lugar semidesértico, como é a terra de Israel, tem uma relação de amor e ódio com a água. Dramaticamente urgente, a água é o bem precioso pelo qual se caminha, se briga e se murmura. É algo que muitas vezes falta e angustia. No entanto, a água está ligada à vida, à sobrevivência. Obviamente.

Alguns salmos definem o relacionamento com Deus com base no paralelismo com a sede (p. ex., Sl 63,2). O Senhor Jesus dirá:

> Se alguém tem sede, venha a mim e beba. Quem crer em mim, como diz a Escritura, do seu interior fluirão rios de água viva. Isto Ele disse com respeito ao Espírito que haviam de receber os que nele cressem (Jo 7,37b-39a).

A água viva – como entendemos em um diálogo que Jesus tem ao lado de um poço com a mulher samaritana – significa água de nascente, e se opõe à água parada de um poço, e é o objeto sonhado por todos os peregrinos em deserto. O evangelista liga essa imagem ao Espírito que é a vida de Deus.

A água é, portanto, um símbolo da vida tanto biológica quanto espiritual.

Mas também não...

Se por um lado a água é tão esperada, porque dela dependem a vida, o cultivo e a sobrevivência do gado; por outro, de repente, mesmo nas mesmas áreas desérticas, ela se torna morte!

A conformação geológica entre o sul de Israel e o Sinai – até o norte da África – apresenta o fenômeno dos *uades*. Estes são vales esculpidos pelos leitos dos riachos criados pelas súbitas tempestades do deserto, que num instante se tornam violentos e caudalosos rios que arrastam para longe tudo o que encontram. O Evangelho de Mateus fala disso:

> Todo aquele, pois, que ouve estas minhas palavras e as pratica será comparado a um homem prudente que edificou a sua casa sobre a rocha; e caiu a chuva, transbordaram os rios, sopraram os ventos e deram com ímpeto contra aquela casa, que não caiu, porque fora edificada sobre a rocha. E todo aquele que ouve estas minhas palavras e não as pratica será comparado a um homem insensato que edificou a sua casa sobre a areia; e caiu a chuva, transbordaram os rios, sopraram os ventos

e deram com ímpeto contra aquela casa, e ela desabou, sendo grande a sua ruína (Mt 7,24-27).

Esse exemplo oferecido por Jesus não é um exagero. É uma experiência de seus ouvintes. A água que de repente pode transbordar e destruir tudo o que não é bem fundamentado.

Então a água também é morte. E não apenas por isso.

A imagem fundamental do "inabitável", para um povo de caminhantes como Israel, é o mar, o assustador. Os textos vão tão longe a ponto de dar o título de "mar" a um lago, que é bem definido, como o de Tiberíades. Nada a fazer: quando um israelita bíblico vê muita água, fica um pouco confuso.

Na verdade, as pessoas nunca vão realmente se estabelecer na faixa com vista para o Mar Mediterrâneo. É dessa área que virá o nome de "Palestina" pela tradução de "filisteus" – os inimigos por excelência dos israelitas – que terão sua supremacia precisamente naquela faixa vista com antipatia pelo povo judeu: muito perto do enigmático e traiçoeiro mar, uma massa terrível de morte iminente. E mais, a água é salgada, como o Mar Morto, onde tudo morre.

Em suma, quando a água é pouca e doce, é útil, é a sobrevivência; mas, quando é muita, é a morte certa...

Eis a ambiguidade da água, morte-vida, que por acaso é traduzida em hebraico por um termo *mayim*, com uma morfologia peculiar: é um dual. Algumas línguas, e com elas o hebraico, têm, além do singular e plural, o dual. É usado para objetos que possuem duplicidade. Como não estamos falando de olhos ou tornozelos, ou de outras coisas que são geralmente duas, o dual dá a essa palavra um tom de ambiguidade[19].

---

19 Para alguns, seria um falso dual, ou forma dual, mas sentido plural (cf. *Grande Lessico dell'Antico Testamento*. Vol. IV. Bréscia: Paideia, 2005, p. 844) e seria um *plurale tantum*. O que não muda, mas reforça o argumento da identidade ambígua do elemento "Água", porque a forma objetiva do dual permanece, e o numeral que significa ainda mais abundante, reforça a ideia de multiplicidade, de indefinibilidade.

É bom sermos precisos: a água não é *vida-morte*, em sentido genérico; mas, mais precisamente, *o que dá vida – o que mata*.

E esta ambiguidade-ambivalência é unificada no tema da *purificação*, que normalmente envolve o uso da água, e chega ao batismo cristão, um ato de morte e vida. Morte para o pecado, começo de uma nova vida.

Mas isso é ainda mais claro se olharmos para o papel da água nos estágios mais importantes da história bíblica: no *dilúvio* – o evento primordial de morte para purificação da violência – e, sobretudo, no Mar Vermelho na *libertação pascal*. Os dois fatos são um tanto simétricos: no dilúvio, as águas, divididas no segundo dia da criação, são reconfiguradas e, de fato, há quem fale de um evento de des-criação; na Páscoa, as águas separam-se, como no segundo dia, e tornam-se o portão de saída vital de 430 anos de opressão; mas imediatamente depois elas se fecham novamente, transformando-se em um implacável instrumento de morte.

Poderíamos entrar em outros textos menos impressionantes. O que resta é o significado da água: ou mata ou salva. Ou as duas coisas, como no êxodo ou no batismo.

Portanto, quando Deus, o Pai, separa as águas distinguindo as águas superiores (a chuva, a água boa) das águas inferiores (a água ruim, o mar, o oceano) está fazendo uma distinção entre o que mata e o que salva. Esse é um ato de fundação da realidade.

Voltemos à nossa jornada. Se na primeira fase da reconstrução, precisamos reconhecer o que já sabemos, agora é bom acolher uma grande separação primária: o que nos dá a vida e a sustenta daquilo que nos tira a vida e nos mata.

Em nossa vida há fontes de renascimento, mas também há ralos de dispersão. Atos destrutivos e atos construtivos. Dinâmica vital e lógica da morte. Tudo isso deve ser distinguido para o recomeço.

Impossível reiniciar a navegação numa confusão. Porque a água é ambígua, Deus a separa. E precisamos começar a reconhecer o que nos faz o mal de maneira distinta do que é bom para nós.

## Desconfie das imitações

Mas eis que surge um perigo: os arremedos do discernimento. Quando começamos sem luz, pensamos que podemos improvisar o discernimento; e sem disciplina, e neste ponto muitas vezes pensamos em olhar para as coisas e sermos capazes de distingui-las e dividi-las de maneira significativa, por impressão, por instinto, sem qualquer treinamento.

Não funciona assim.

Precisamos, ao menos, de um zero ortogonal. É preciso ter um parâmetro. Caso contrário, toda avaliação terá as pernas curtas, é ocasional, hormonal, metereopática. Você não pode viver assim. E você não pode recomeçar ao acaso.

Como evitar o império dos hormônios?

O segundo dia se concentra em um objeto que o leitor moderno ignora completamente, por uma subestimação da visão arcaica do cosmos. Será sábio lidar com essa cosmologia obsoleta que descartamos sem pensar no motivo pelo qual ela é imprecisa.

Certamente é imprecisa, mas isso não significa que não seja sábia. Em nível físico-objetivo, é ridícula, mas em nível existencial não. E esse texto, já o dissemos, é uma sabedoria, uma tomada de consciência, não um tratado sobre astronomia.

O objeto principal que aparece no segundo dia é o *firmamento*. A palavra retorna cinco vezes em três versos e tem uma função muito específica.

> Haja firmamento no meio das águas e separação entre águas e águas (Gn 1,6).

*"Separação entre águas e águas"*. Isso é feito pelo firmamento, não pelo leitor do texto. A distinção entre morte e vida é fruto de uma obra de Deus e é chamada de *firmamento*. Mas por que esse nome?

A palavra deriva do latim *firmamentum*, que significa *apoio*, *sustento*. Em latim, *firmus* significa *sólido*, *estável*.

Traduz muito bem a palavra hebraica *raqia*, que indica algo duro, firme, estável; em si é a barreira capaz de separar os dois tipos de água, como uma espécie de cúpula, e, repetimos, do ponto de vista cosmológico e físico, é ridículo, enquanto do ponto de vista existencial e espiritual é incomparável.

O firmamento, que está no alto, e que permite um espaço intermediário e a distinção entre vital e nocivo, é algo duro, estável, mais forte do que as águas de qualquer espécie, porque sabe governá-las.

Voltemos para a conversa sobre o DNA por um instante.

Lembramos que a vida tem um código e funciona quando se é fiel a esse código. Esse código representa algo que não pode ser contornado. Experimente e verá o que acontece com você. Algumas de minhas células, há alguns anos, desobedeceram ao genoma e a harmonia do meu corpo. Na verdade, eram células cancerígenas.

A coisa a que estamos chegando é desse tipo que hoje deve ser dito a muitos com grande cautela, com a mesma sutileza de alguém que está a lidar com bombas, porque em um momento as pessoas pulam e não o escutam mais. Mas, mais cedo ou mais tarde, a amarga verdade deve ser comunicada.

A vida funciona se obedecer às suas regras. Pronto. Falei.

Talvez se torne mais palatável se preciso for que, em vez de regras, se trate de uma questão de ritmos, que seja. Para aqueles sete ou oito que continuam a ler: o firmamento separa as águas, não faz nada além disso. A fonte abençoada de chuva se distingue dos mortais oceanos pela posição em relação ao firmamento. Isso não é um trabalho humano, mas um ato criativo de Deus Pai.

Como vamos aceitar essa sabedoria, nós, apaixonados pelas transgressões, pelas vibrações fora de ritmo, pelas coisas "originais"? O grande Chesterton disse que a inteligência moderna não aceita nada que venha da autoridade[20].

Mais cedo ou mais tarde, brevemente, esse problema deve ser enfrentado: o tema da ordem, o tema da vida, o tema do bem e também o da felicidade, têm a ver com o trauma da autoridade.

Isso é um presente. Essa é a paternidade de Deus, afinal, o tema do recomeço é diário, e é diariamente para se entender o fato de que um Outro revela a você o que é a vida e o que é a morte. É o cuidado dele por você. Isso pertence à estrutura de uma vida que, como já vimos no primeiro dia, não nos obedece. E aqui entramos nós mais especificamente. Existe uma hierarquia nas coisas. Entre o útil e o nocivo há uma discrepância: se você não percebe, come as coisas que o matam, e é ditado por algo que estabelece o alto e o baixo, e não é verdade que sejam a mesma coisa.

Porque a vida tem autoridade própria; não pode ser reconstruída sem aceitar que, por si mesma, ela exige ser respeitada como algo que tem seu ritmo interno, que não pode ser inventado, que deve ser aceito.

Alessandro Giuliani[21], um cientista multiforme e comunicador muito agradável cuja amizade me enche de orgulho, diz que os cristãos são os verdadeiros materialistas, porque não dão supremacia às ideias, mas à realidade. Sacrossanto. A realidade impõe sua verdade

---

20 CHESTERTON, G.K. *O homem que sabia demais*. Campinas: Ecclesiae, 2014, cap. 5.

21 Da internet: "Alessandro Giuliani trabalha no Istituto Superiore di Sanità Dovesi, que lida com modelos matemáticos e estatísticos de sistemas biológicos. Ele faz parte do corpo docente do Ph.D. em Biofísica da Universidade "La Sapienza" de Roma e colabora com a Universidade Keio de Tóquio e com a Universidade Rush de Chicago. Com o tempo, lidou com tópicos muito diferentes, como a física de sistemas complexos, a bioquímica, a química orgânica, a psicobiologia, a neurociência, a biologia molecular, a ecologia e a epidemiologia".

e você não pode extraí-la com reivindicações de nenhum tipo. A realidade sempre vencerá. Porque é real...

Todas as violências feitas às coisas se transformam em destruição.

Se uma criança não crescer com ritmos saudáveis, sofrerá e talvez por toda a vida. Não é um *hipster* vegano pós-moderno que decide o ritmo da vida, mas o corpo delicado dessa criança.

Nada a fazer: você não pode beber a água do mar, e se violar essa regra, você morre. Pode-se morrer de sede no meio de um mar. Gostando ou não, essa é a verdade.

Portanto, a vida, em seu silêncio majestoso, exige ser obedecida. É a própria autoridade do Pai da vida. Você não pode pedir que a vida não esteja sintonizada com a vida. Se fizer isso, você começa implacavelmente a morrer. Isso lhe é imposto, mesmo que você não aceite.

E não posso pedir a mim mesmo que não seja eu mesmo. Isso me mataria. Tenho de obedecer, e não às minhas ideias, não às minhas necessidades, não aos meus desejos – parece estranho, mas é assim – mas à minha vida, ao que me faz viver. Que muitas vezes não é o que eu gosto ou o que eu decidi, ou o que eu penso e quero, mas o que me faz viver.

Se fosse por mim, sorvete de pistache diminuiria o açúcar no sangue. Mas não é assim. Tenho impulsos irreprimíveis diante de uma torta de ricota, de bolo de chocolate e de pera, que merece ser escrita em maiúscula, e consigo justificar perfeitamente a necessidade de peixe frito, mas meu pâncreas não quer saber disso.

E então devo decidir se obedeço ao meu desejo pela cassata siciliana ou pelo funcionamento das ilhotas de Langerhans do pâncreas. Elas vencem mesmo que eu não as entenda; não me pediram permissão, mas estão lá, um firmamento imóvel que separa o comestível do prejudicial em minha dieta e me impõe uma maçã em vez de uma trufa de Pizzo Calabro.

Estou sob a autoridade delas, não entendo o motivo, mas não há o que fazer: se eu comer essa maçã abençoada eu sou melhor, droga. E se eu quero estar muito bem, nada de chocolate ou pistache, muito menos o creme.

Eu gostaria de organizar uma manifestação contra a ditadura do pâncreas – que, convenhamos, já é um nome bastante feio –, mas tenho medo do tanto de malucos que eu reuniria nesse clube.

Lutar contra a matéria sempre nos leva a uma derrota certa. As coisas têm seu ritmo a um preço fixo que é inegociável.

Então, com a viola no saco, interiormente torturado pela mentira produzida pela verdadeira ditadura, a do nosso ego, nós finalmente capitulamos e encontramos paz em aceitar que se estamos no caminho da reconstrução, do novo começo, da vida que se torna bela, cabe a nós perguntar como se chama e qual é o rosto do senhor firmamento.

## Qual é a clave?

Vamos dar um exemplo: se alguém tem de colocar suas coisas em sua mala e está com pressa, joga todas as peças sem qualquer ordem de modo que até falta espaço – a consequência é que, para fechar, acaba-se tendo de "pular" em cima da mala"... Mas se organiza as roupas com ordem, caberão muito mais peças na mala. Qual é o significado da analogia? Que o respeito pela importância das coisas cria espaço, assim como no segundo dia da criação. Questões de hierarquia: o que está em alta e o que está em baixa. Isso faz o firmamento, define o de cima e o de baixo.

E como deveríamos fazer com uma simples mala, temos também de fazer – repetimos: por analogia – com nossa nobre existência: primeiro levamos em conta as coisas importantes; depois as secundárias.

O de cima e o de baixo. Segundo um sistema como de um "*firmamento*": segundo uma estratégia ditada por pontos fixos.

Como na música: todo músico sabe que não pode começar a tocar sem ter observado bem *"qual é a clave"*.

No início da partitura, há quatro indicações principais: a *clave* em si – todos conhecem clave de sol – que indica o *tipo de voz* e move a altura das notas para cima ou para baixo. Depois, há as *alterações*, um número variável de bemóis e bequadros, que após a altura das notas indicam os acidentes musicais para se saber em qual escala se toca, permitindo entender as relações entre as próprias notas. Então há uma fração indicando o *ritmo*, 4/4, 3/4 etc., que indica a *batida principal* (aquela que fará com que os ouvintes batam pés e mãos). Finalmente, há uma palavra italiana acima da linha, como *Allegro*, ou *Largo*, que não serve para entender o humor do autor ou sua relação exagerada com o macarrão, mas o *tempo* de execução, ou a *velocidade*. Isso em poucas palavras.

Clave, tom, ritmo, tempo. Haverá outras indicações, mas essas são as principais.

Por que esse barulho?

Porque neste segundo dia nos colocamos na trilha de *"qual é a clave"* e que deve ser observado antes de tudo. Se eu não observar isso, ou pior ainda se eu me engano, não executarei a peça; acabo por distorcê-la. E se a *clave* indica o tipo de voz, cada uma tem sua textura, sua forma de ser e não pode ser ignorada; se as *alterações* indicam que a tonalidade corresponde às situações objetivas, as circunstâncias concretas, e negligenciar esse aspecto é muito prejudicial; o *ritmo* indica como eu posso me mover, quais são meus suportes, onde eu posso *"percutir"*, que são os pontos fortes da minha vida e como eles precisam ser respeitados e organizados entre si; e por último, o *tempo* indica a velocidade com que posso ir, com que rapidez proceder, de acordo com pontos fixos, em situações concretas e em relação à minha estrutura real.

Em suma, devo "cantar" minha vida com minha voz específica, com os pés no chão da minha história, com o ritmo que me faz bem e funciona, na velocidade da Providência. A coisa a lembrar é que essas condições são impostas pelo autor, não pelo intérprete...

A vida é tão bonita se você aceita suas regras. A mente voa quando você não rompe com a verdade. Seu filho cresce muito melhor quando você respeita ser dele, os tempos dele, e sabe como guiá-lo para coisas saudáveis e benéficas.

A vida é uma partitura que Deus, o Pai, escreveu para nós desfrutarmos de sua beleza. São Paulo diz:

> Pois somos feitura dele, criados em Cristo Jesus para boas obras, as quais Deus de antemão preparou para que andássemos nelas (Ef 2,10).

Caminhar em algo que Deus Pai preparou para mim: a maravilha para a qual fui criado.

Até mesmo Jesus em sua missão é apresentado pelos evangelistas um pouco como o intérprete de uma partitura; textos desse tipo ocorrem várias vezes:

> Ora, tudo isso aconteceu para que se cumprisse o que fora dito pelo Senhor por intermédio do profeta: Eis que a virgem conceberá e dará à luz um filho, e ele será chamado pelo nome de Emanuel (que quer dizer: Deus conosco) (Mt 1,22-23).

Ou:

> Depois, vendo Jesus que tudo já estava consumado, para se cumprir a Escritura, disse: "Tenho sede!" (Jo 19,28).

Se seguíssemos todas as citações do Antigo Testamento nos evangelhos, descobriríamos a ossatura dos próprios evangelhos.

Jesus não se move ao acaso, Ele executa uma partitura bem precisa. Tem sua clave, sua tonalidade, seu ritmo, seu tempo: o plano do Pai, que é o cumprimento das promessas que residem na memória do povo de Israel; esse plano tem circunstâncias, e nasce na plenitude do tempo, e tem seu ritmo centrado em uma "*hora*" para a qual tende a Páscoa. Sua música mudará a velocidade gradualmente, na realização: nasce durante um censo, depois de trinta anos se fecham, com uma única pausa aos doze; e então tudo muda: em três anos, afeta definitivamente a história humana e, finalmente, na Páscoa, abre o caminho para o Pai. E tudo muda: no céu, com o nome acima de qualquer outro nome, o de Senhor que está assentado à destra do Pai e virá no fim dos tempos para julgar os vivos e os mortos, e seu reino não terá fim.

Jesus tem pontos fixos a seguir, trata-se da *clave* que o Pai escreveu na partitura da história.

Nós também precisamos perceber *qual é a clave* para não desperdiçarmos a nossa existência de qualquer maneira. Existem pontos fixos, há um firmamento que separa o que dá vida ao que mata, e esse firmamento é uma ordem que, se não for aceita, abre as comportas para o dilúvio; e a vida não funciona.

Mas se o firmamento permitir que você trabalhe...

## Trilhos e descarrilamentos

Estamos falando de pontos fixos, que estão acima de tudo que fazemos bem ou mal. São chamados de *prioridades*. Eis a palavra mágica do segundo dia.

As prioridades são, por definição, o que vem primeiro. Uma pessoa que não respeita suas prioridades continua a encher a mala de sua vida ao acaso.

Há que se fazer uma distinção de suma importância: as prioridades se opõem às emergências. As prioridades são anteriores aos fatos, enquanto as emergências chegam a mim durante os fatos.

Parto de uma definição axiomática: aquele que negligencia suas próprias prioridades para ir atrás das emergências é um tolo. Aquele que estimula emergências para permanecer fiel às suas prioridades é um sábio.

As emergências são ansiosas, ditatoriais, desordenadas, apreensivas. Quem escolhe por medo erra sempre. Diz-se: "A ansiedade é uma má conselheira". Verdade.

As prioridades são pacatas, são firmamento, são pontos fixos claros. Elas vêm em primeiro lugar, *a priori* portanto, e podem acomodar algumas emergências, as que são apropriadas. Mas são as prioridades que selecionam emergências, e não o contrário!

Aqueles que vivem em emergências não constroem nada. Chegam ao final do dia, ou da vida, apenas como sobreviventes. Quem permanece fiel às prioridades tem uma identidade, sabe por que dizer não e por que dizer sim, e, como no caso da analogia da mala, tem espaço para as roupas todas.

Se você não está familiarizado com suas prioridades, e vive se desviando dos trilhos, e começará uma família? E quando concluirá a faculdade? Quando conseguirá pagar uma hipoteca? Quando terminará aquele livro? Sem prioridade uma casa não é construída.

Edificar – ou reedificar – implica uma ordem de construção. Você poderia decidir fazer a instalação elétrica antes de ter feito os andares porque o eletricista só tem esses dias disponíveis? Não, obrigado. Procuro outro como eletricista, que a estrutura deve ser feita na hora certa.

O que fazem os camelôs quando querem vender algo? Eles apressam você. Enquanto você está indo em seu caminho, eles o pressionam para que mude sua atitude: é uma oportunidade, você não pode perdê-la. Compre uma caldeira e pague até agosto, é uma barganha!

Nunca assine um contrato com alguém que te apresse: está certamente tentando enganar você; que acaba comprando algo que não tem nada a ver com a sua vida.

Se não ficar com os pés nas suas prioridades, você vive em pedaços, de interrupção na interrupção. Se no primeiro incômodo que aparece você para, então nunca chegará.

A obediência às prioridades é entrelaçada com ações ordenadas que surgem de saudáveis pontos fixos e marcam o tempo certo, implicam negações, eliminam as perdas de tempo e, assim, deixam espaço para o que é necessário.

Vamos esclarecer: alguém pode, é claro, observar o que estamos elencando, mas evitando prioridades completamente erradas. Quando você se debate contra a vida, enquanto coleta as peças, percebe que, em vez de prioridades erradas, são emergências compostas de prioridades. Como isso acontece?

As emergências – isso é a beleza – não são necessariamente coisas ruins em si mesmas. De fato, a armadilha é precisamente esta: avalia-se se uma coisa é boa ou ruim e se decide fazê-la. Uma tolice. São Paulo diz:

> Todas as coisas me são lícitas, mas nem todas convêm. Todas as coisas me são lícitas, mas eu não me deixarei dominar por nenhuma delas (1Cor 6,12).

O problema não é se é permitido ajudar uma amiga a aprender a usar um eletrodoméstico, mas que eu tenho três filhotes esperando pelo jantar, e esse é o "meu problema".

O problema não é que seja ruim ter um encontro na paróquia de um amigo para a formação dos catequistas; isso é uma coisa legítima, boa, louvável. A formação dos catequistas é uma prioridade, claro... mas não é minha! Se eu estiver encarregado do ministério vocacional, e você precisar de uma reunião vocacional, chego voando; caso contrário: O que isso tem a ver comigo? Por que eu deveria negligenciar um retiro profissional para chegar até você? Para fazer você feliz? Não o desapontar? Então, eu estaria tomando o assunto de uma prioridade genérica ditando o ritmo da minha vida de acordo com uma prioridade falsa que esconde meu medo de não decepcionar ninguém. O exemplo é clerical; mas, *mutatis mutandis*, quantas vezes acontece a mesma coisa...

O problema não é que seja ruim passar uma tarde com aquele amigo que está um pouco sozinho, mas: Quando vou me preparar para aquela bendita prova?

O problema não é se é negativo construir a casa no campo e passar lá os fins de semana para ajeitá-la, mas tenho dois filhos pré-adolescentes que daqui a pouco não estarão mais tão próximos de mim e que tenho de ficar com eles e organizar os domingos sob medida para eles, essa é a época da minha paternidade, e a casa de campo pode ser construída em outra ocasião.

E será bom encontrar os amigos da escola de vinte anos atrás. Mas também não. Talvez eu não precise remexer no meu estoque de lembranças, mas aprofundar o que tenho, que talvez fuja daqueles.

Há pessoas que compram um bom livro a cada dez dias, mas não leem o que o diretor espiritual lhes indicou há dois anos.

Exemplos risíveis. Só para lembrar: não é o "*lícito*", ou o "*bom*" que discrimina. Mas o "*meu*". E o "*meu*" verdadeiro.

Então, acaba que, quando a verdadeira urgência chega, aquela que está envolvida em prioridades genuínas, você está do outro lado fazendo coisas que não são suas.

No final da vida, o Senhor não me perguntará se fiz coisas boas, mas se usei os talentos que me confiou. Se eu realizei minha missão.

Há poucas coisas que realmente precisam ser feitas. E isso deve ser feito, seja qual for o custo. É assim que se começa a reconstruir. Obedecendo a essa sabedoria.

Vamos ver um exemplo do que é ter um "zero" ortogonal, ter a vida orientada pelo plano do Pai:

> E aconteceu que, ao se completarem os dias em que devia Ele ser assunto ao céu, manifestou, no semblan-

te, a intrépida resolução de ir para Jerusalém e enviou mensageiros que o antecedessem. Indo eles, entraram numa aldeia de samaritanos para lhe preparar pousada. Mas não o receberam, porque o aspecto dele era de quem, decisivamente, ia para Jerusalém. Vendo isso, os discípulos Tiago e João perguntaram: Senhor, queres que mandemos descer fogo do céu para os consumir? Jesus, porém, voltando-se os repreendeu [e disse: "Vós não sabeis de que espírito sois]. [Pois o Filho do Homem não veio para destruir as almas dos homens, mas para salvá-las.]" E seguiram para outra aldeia (Lc 9,51-56).

Um leitor assíduo do Evangelho poderia ser perguntado: Mas a história dos samaritanos antipáticos serve para quê? Se não nos fosse contada, não faria falta alguma.

Mas não: Jesus toma a firme decisão de rumar para Jerusalém, porque há um plano do Pai, o de ser elevado e imediatamente Lucas nos diz como assumir a posição de quem aceita a prioridade: o secundário pode ir pelo ralo. Nenhum tempo é desperdiçado com controvérsias, pontualizações, esclarecimentos ou, pior ainda, vinganças com os samaritanos. O objetivo, a prioridade, dita o ritmo. O resto: tranquilamente deixar pra lá.

Tenho coisas mais importantes para fazer. Tenho prioridades, se as coisas não funcionam para elas, não convém queimar nenhum neurônio.

E assim chegamos à coisa mais importante.

A essa altura, muitos pensam: é verdade, eu tenho de decidir minhas prioridades...

Errado. Aqui está o núcleo: as prioridades não são decididas.

As prioridades são reconhecidas; acolhidas; admitidas.

O firmamento é criado por Deus. A clave é colocada pelo autor da composição.

O Senhor Jesus é confiança no Pai, é condição filial. Ele executa, não inventa o plano do Pai. Não se joga do pináculo do Templo para ditar os tempos a Deus.

Minhas prioridades estão no meu relacionamento com Deus: não decidi meu tom de voz, minha estrutura física e minha disposição da natureza, são minhas características. Sou barítono? Baixo? Tenor? Os três ao mesmo tempo? Isso é algo que recebo, algo que não posso decidir por mim mesmo.

Eu não escolhi o lugar em que nasci, as circunstâncias, mas estas me atraíram, me configuraram e não posso lutar contra elas, tenho de valorizá-las.

Não é verdade que eu seleciono as alavancas para me apoiar, o passo que posso receber, e meu metabolismo é como é. Os suportes são reconhecidos, mas não são escolhidos.

E acolho o andamento da minha vida: eu desabrocho quando desabrocho, chego quando chego. Aguardo o que me espera. Quiçá uns trinta anos...

Eu tenho o meu jeito de fazer os outros felizes. Tenho meu próprio potencial. Posso invejar, se eu sou estúpido, a habilidade daquele irmão, mas com isso eu só perco tempo.

Prioridades não são escolhidas, são admitidas. Quantas pessoas erram com suas próprias prioridades! Porque as escolhem, mas não as acolhem.

Deus cria o firmamento, as águas não se dão a ordem. As prioridades são as primeiras, por excelência, mas também estão diante de mim.

São parte da obra de Deus, *um é o Senhor* (Dt 6,4), em hebraico é dito *Adonai ehad*, que não significa apenas "um", mas também "primeiro". Ele vem primeiro, é o seu óbvio *status* de Criador.

Aqui está o conselho do segundo dia: começar, sempre em oração, sempre dialogando com Deus, para me perguntar o que deveria anteceder a tudo. É Ele quem tem de me dizer, porque é meu autor. Pouco a pouco as coisas estão saindo da primeira evidência, mas são mais específicas.

Suponho que alguns exemplos de prioridades sejam úteis. Eles serão necessariamente exemplos estereotipados, aqui é melhor ser trivial do que dizer coisas que só podem ser identificadas no nível pessoal. Se estou procurando o "*meu*"... os exemplos sempre serão válidos até certo ponto, como a história da mala, que é o que é.

As prioridades são geralmente implicadas pelos chamados deveres de ofício. De fato, normalmente são uma consequência das primeiras evidências. Eles são a resposta para a pergunta: O que é "*meu*" verdadeiramente?

Você é casado? Faça o que quiser, mas o casamento é sua prioridade fundamental. E tudo o que vem com isso. Se alguns dos meus colaboradores começarem a estressar o tempo de seus casamentos para me ajudar, devem me mandar para aquele lugar. Evangelizar é um trabalho em progresso, o casamento é um sacramento. E age como um firmamento para tudo. Sua esposa é sua prioridade. Em tudo.

Sacerdotes, religiosos, freiras, conheço tantos que estão em crise. E fazem bilhões de coisas. Mas muitas vezes descobri que não tiveram uma única semana de oração ou períodos regulares de retiro por anos. Ou que eles não redefiniram suas posses, rompendo com tudo e dando aquilo a que se apegavam. Mas como alguém pode ser de Deus sem se resetar nele regularmente? É como tentar viajar na chuva sem limpadores de para-brisa. Se a regularidade na intimidade com Deus não é sua prioridade, então você se pergunta: Por que acabam se criando relacionamentos afetivos ambíguos?

Jovens católicos multifuncionais em voluntariado e completamente desligados de sua vida afetivo-sexual, com um gerenciamento completamente aleatório de sua própria estrutura relacional privada. Não seria necessário cuidar disso?

## Vegetarianos sanguinários

Prioridades, se focadas, tendem a enuclear oximoros existenciais.

Sacerdotes que não rezam. Pais que não se importam. Mães que não acolhem. Maridos que não cortejam. Irmãos que não se falam. Alunos que não estudam. Médicos que não se atualizam. Mães que não abraçam. Idosos sem sabedoria. Cônjuges jovens sem momentos de intimidade.

É a categoria de vegetarianos sanguinários.

É a arte da "deslocalização". Padres na discoteca. Pais de família repatriados para a turma do ensino médio. Jovens em Santiago com a mãe hospitalizada. Maridos que falam como padres. Padres que falam como cúmplices. E freiras que falam como esposas. Párocos na academia. Mulheres mais velhas na aula de tango. Padres batendo uma bola durante a tarde livre da dupla jornada de trabalho.

Empregados descomprometidos.

Então, alguém para e diz: O que estou fazendo? Isso não é meu!

Se Deus colocou você em um lugar na vida, Ele entregou intrinsecamente a você tudo o que esse lugar implica. Se ele lhe deu um filho, não é que você é mãe-pai de um lado, e do outro você decide se vai ou não cuidar de um filho. Se você deu um cachorrinho, resultando prioridades que são por si mesmas como que as coordenadas de sua vida. Você não pode ter um bebê e nunca trocar uma fralda. Não gostou? A vida é assim: ela não flui de acordo com seus gostos, mas de acordo com ela mesma, e se você se deixa levar por ela, então cresce e aprende a amar.

Quando me tornei pároco, tive de aceitar uma mudança radical em minhas prioridades. E muitas coisas, em um instante, se eu as tivesse guardado, minha vida teria sido como a de um vendedor de *porchetta romana* em Teerã. Completamente deslocado.

É tão útil começar a listar as prioridades que derivam da aceitação da realidade. E muitas vezes é uma das coisas mais eficazes e iluminadoras. Concretamente, como você faz uma primeira lista de prioridades? Considerando que este não é um minuto de reflexão e assim por diante, se, confiando no conselho do primeiro dia, alguém já colocou as primeiras evidências, que, vamos lembrar, não são mais do que quatro ou cinco, agora você pode tentar fazer uma lista das prioridades.

Também nesse caso é útil escrevê-las. Em geral, são enunciados lapidares, como os seguintes exemplos sem relação entre si:

A única autorização que você precisa é a de Deus Pai.

Ore antes das coisas, senão é só para pedir perdão...

Durma: o sono não é uma mercadoria.

Meus filhos e minha esposa são a única coisa que importa.

Tenho de terminar a universidade e que tudo mais vá para o inferno.

Vou morar sozinho, é possível dar conta disso aos 32 anos.

Não perambular, chega de dispersões.

Não há lugar entre mim e minha mulher para meus pais com suas manias.

Esvaziar o saco e não me corroer.

Não fazer coisas que não me convençam.

Não é necessário contentar os outros.

Cada uma das coisas que acabamos de escrever está ligada a pelo menos uma história concreta de pessoas que, começando a respeitar uma das frases, começaram a viver novamente. Então, na realidade, seriam partes desconectadas de uma lista que, se fosse feita por uma única pessoa, teria sua organicidade.

Essa lista, se eu a fizesse, seria sensato sempre tê-la comigo. E é um trabalho em andamento. É benéfica desde já, mas se alguém mantiver a luz acesa e continua a "*aprimorar*" a lista, geralmente após alguns anos e os devidos confrontos, estará muito mais centrado. Isso surpreende?

Note bem: coisas desse tipo não são feitas uma única vez. São feitas e, no dia seguinte, com outro ânimo, são verificadas mais uma vez. E mais uma vez em outro dia. E, dia após dia, aumenta nossa lucidez.

É um ato de abertura à paternidade de Deus e, tanto quanto hoje podemos e o Espírito Santo nos permite, é o ato de olhar, lembrar, reter a nossa vida e aceitar "*qual é a clave*", o que Deus colocou como o "*nosso*".

Isso, como tudo descrito neste livro, é apenas o começo de uma jornada que não pode durar anos. Demora muito tempo para simplificar as prioridades, deixar o nosso firmamento falar, pensar muitas vezes, e muitas vezes esperando a ajuda da Providência. Leva tempo a subdividir as coisas. Demora até que isso dê parâmetro às nossas escolhas.

Como são usadas as prioridades? Simples: mantê-las acesas antes do processo, de maneira normal. Se você as considerar apenas mais tarde é somente para, talvez, não repetir um erro, que é muitas vezes pequeno demais. Aqui, não se trata de uma questão de – obviamente – parar de cometer erros, mas de voltar a "*girar*". Na arte de recomeçar, que é deixar-se salvar pela criação do firmamento, há dois usos de prioridades, um menor e outro maior: há o uso de prioridades *a posteriori*, pois são iluminadas pela graça de Deus, olhe para as desafinadas anteriores e não as repetir. Mas o uso anterior é o autêntico, para colocar o pé do novo começo no lugar certo: o firmamento é colocado acima para distinguir o acima e o abaixo. Antes, não depois. Eles são *a priori* justamente para isso.

Quanto sofrimento pode ser evitado pela obediência ao segundo dia!

Um exemplo óbvio para focar no que foi dito: dois jovens estão vivendo o noivado e querem entender se eles realmente precisam se casar, se agem ou não da maneira correta.

Desnecessário impor expectativas ou teorias sobre o seu noivado, porque isso já tem suas leis. Quando realizamos o curso de preparação para o casamento remoto levamos um pouco de tempo até identificarmos qual é a prioridade de um discernimento em relação ao casamento.

Ou seja: Qual é um dos carismas do noivado? Se considerarmos as coisas como realmente são, a resposta que deve ser dada surpreende alguns: é a verdade.

O noivado é também o tempo da verdade: tudo deve ser posto para fora! Se você não gosta de algo, diga! Se você espera algo, comunique-o! O outro lhe dirá: "mas você é um completo idiota!" E vocês se deixam. Ótimo! Para isso existe o noivado, para romper quando se descobre que o relacionamento não tem futuro. Eu digo mil vezes: um bom noivado não é o que termina com o casamento, mas com a verdade. Se vocês devem se casar, sigam em frente; se não, quanto mais cedo descobrirem, melhor será!

De vez em quando, há casais que perguntam se sou diretor espiritual também de noivados. Mas nem morto! Se vocês não têm força endógena para desvendar os problemas que surgem, se não encontram o caminho para sair de uma discussão entre vocês, mas o que poderiam me perguntar? Esperam que eu dê uma de gerente da imaturidade de vocês? E se vocês se casarem, o que faremos? Vou morar com vocês para ajudá-los a chegar inteiros ao final do dia? Vamos lá... Se vocês não têm o dom para desvendar juntos as dificuldades, também não têm o carisma do casamento. Deus os livre de se deslocarem na vida. Só posso concordar em ter uma conversa básica uma vez, para lhe dar conselhos, mas paramos por aí.

Prioridade do noivado? A sinceridade. Não se case pela força, mas obedeça a realidade. Muitos sofrem muito devido a fixações em prioridades irreais, não factíveis, fora da realidade. Nós repetimos: aqueles que selecionam prioridades baseadas em seus próprios medos destroem suas vidas. Quem aceita as verdadeiras prioridades e com base nestas discerne as emergências faz coisas sólidas, que permanecem em pé.

O que você tem a dizer é condicionado pelo medo, ou você fala de qualquer maneira, apesar do medo?

Vale lembrar: as prioridades colocam a minha vida em ordem para que o espaço apareça. Se isso não acontecer, vemos que as prioridades não são as reais. São prioridades de meia pataca.

As pessoas que não desconsideram suas prioridades vão tão longe a ponto de fazer coisas secundárias; as que partem de coisas secundárias, em geral, prejudicam as secundárias e certamente não dão conta das primárias.

Aqueles que em vez disso tomam o ritmo da obediência à realidade, que é a obediência às prioridades autênticas, se encontram com as coisas que "*giram*" e fica possível respirar...

Para encerrar: consideremos quantas de nossas emergências foram profundamente ignoradas pelo Senhor Jesus. Quantas coisas que para nós eram indispensáveis foram alegremente negligenciadas por Aquele que nos mostrou a vida verdadeira.

A todos aqueles que arruinaram suas vidas podemos dizer com certeza que eles escolheram a prioridade errada. Foi uma urgência fora de visão que os conduziu. E você está perdido. Todos podemos contar uma história como essa. Todos já passamos por isso.

A prioridade daquele que atinge o alvo, de quem alcança o céu, é justamente o céu. O Pai.

# Terceiro dia
## O dom dos limites

*Não é verdade que eu paro quando quero*

> *Disse também Deus: "Ajuntem-se as águas debaixo dos céus num só lugar, e apareça a porção seca". E assim se fez. À porção seca chamou Deus Terra e ao ajuntamento das águas, Mares. E viu Deus que isso era bom. E disse: "Produza a terra relva, ervas que deem semente e árvores frutíferas que deem fruto segundo a sua espécie, cuja semente esteja nele, sobre a terra". E assim se fez. A terra, pois, produziu relva, ervas que davam semente segundo a sua espécie e árvores que davam fruto, cuja semente estava nele, conforme a sua espécie. E viu Deus que isso era bom. Houve tarde e manhã, o terceiro dia (Gn 1,9-13).*

Vamos resumir os primeiros passos da criação que escondem a estratégia de Deus para recomeçar a vida: primeiro, a luz das primeiras evidências se acende, e então ela fornece os parâmetros básicos das prioridades. Mas ainda estamos no genérico, e a história em si não pode simplesmente nos deixar água contra a água com o espaço intermediário operado pelo firmamento.

É necessária uma terra. É preciso um lugar para morar. Do espaço genérico, aos espaços específicos. Uma vez que você começar a identificar prioridades, há muitas coisas que se esclarecem. Mas haverá um lugar para viver no mar. Deus quer me dar uma terra para viver. Vejamos bem:

> Ajuntem-se as águas debaixo dos céus num só lugar, e apareça a porção seca (Gn 1,9).

Sob o firmamento, o mal não pode andar livremente, deve ser reunido em um lugar, e pode aparecer onde o mal não entra. É necessária uma área fora do alcance da morte. Um lugar onde a vida seja possível.

Aqui surgem os *aterros*, os *limites*, as *margens*. As prioridades, de fato, servem para começar a identificar as demarcações.

Acima demos o exemplo dos noivos. Uma vez aceito que um aspecto fundamental do noivado é a verdade, a partir dessa prioridade deriva uma quantidade de "*sim*" e de "*não*", que são a implementação dessa prioridade. Além disso, eles são especulares.

Na verdade, os "*sim*", as declarações, não têm substância sem um cordão de isolamento de "*nãos*" que lhe funcione com uma escolha.

E o oposto também é verdade: as negações, os "*nãos*", sem as afirmações são inúteis, são apenas castrações.

Há algo errado quando um homem diz sim a uma mulher, mas não apenas a ela... É um pouco dramático quando você marca a consulta de alguém e duas outras pessoas ao mesmo tempo.

Não é apenas desordem, é esquizofrenia. Há um problema muito específico: se eu não delimito, não tenho identidade, não sou uma pessoa, sou uma estressante encruzilhada.

Fora das categorias moralistas, o homem precisa de limites como uma condição para viver, porque se ele não segue em frente, sem uma área que identifique meu espaço, e eu mesmo não consigo encontrar espaço nas coisas em que estou. Os limites são consequências naturais das prioridades.

## Um, nenhum e cem mil

Sem limites é impossível dar conta da vida. Mas não só. Sem eles, não temos identidade. Se alguém me pede para desenhar a Itália, vou traçar as fronteiras, e a coisa é um pouco curiosa, porque eu realmente não desenho a Itália, mas onde a Itália termina. Desenho a "não Itália". E isso, contudo, é a Itália...

Em algum lugar você tem de terminar, concluir, identificar, não pode haver ausência de limites. Eu não sei quem sou sem os confins.

E, assim, entramos em um tema crucial: podemos dizer que em nossa existência – praticamente em todas as áreas – a relação com o limite é decisiva.

Aceitar ou rejeitar o limite direciona dramaticamente nosso agir, nossa inteligência, nossos sentimentos. A rejeição de um limite é uma causa de desastre. Toda a infelicidade humana é lida a partir do terceiro capítulo do mesmo livro de Gênesis precisamente nesta chave.

O tema de Adão e Eva e da árvore proibida trata justamente da *rejeição do limite*. É o tema do "*não*". O que está presente na famosa árvore do conhecimento do bem e do mal é geralmente mal-entendido pela sensibilidade comum. Por um lado, acabamos pensando que Deus nos proíbe de entender a diferença entre o bem e o mal, como se Ele quisesse manter o homem em um estado de minoridade e ingenuidade; por outro lado, lemos a proibição como uma arbitrariedade tirânica, uma castração despótica de Deus para com o ser humano.

Obviamente, essas leituras são incrivelmente banais e espiritualmente desinteressantes.

Também a simples inteligência deve dizer que o texto do terceiro capítulo de Gênesis não pode ser tão estúpido, e que a descrição de um deus despótico que proíbe um alimento interessante e depois se irrita como um neurastênico e castiga por despeito – diante de uma mulher ingênua a quem falam as cobras – é inaceitável para qualquer sensibilidade. Ou você acha que as pessoas de dois ou três mil anos atrás eram estúpidas o suficiente para aceitar coisas sem substância? Vamos lá... o texto é de uma profundidade abissal e de uma validade perene. A indiferença espiritual, ao contrário, tende à vitimização e potencialmente ou torna monstruoso o homem ou Deus. Ou ambos.

Aqui podemos ver algum elemento para iluminar o tema do limite, exato, mas nesse texto há muita genialidade... Mas digo: há muito mais do que qualquer dedução humana, há Revelação! Esse texto é um dom.

Vejamos.

O que seria essa árvore do conhecimento do bem e do mal? A resposta aparece no segundo capítulo do Gênesis:

> E plantou o Senhor Deus um jardim no Éden, na direção do Oriente, e pôs nele o homem que havia formado. Do solo fez o Senhor Deus brotar toda sorte de árvores agradáveis à vista e boas para alimento; e também a árvore da vida no meio do jardim e a árvore do conhecimento do bem e do mal (Gn 2,8-9).

Deus cria o homem e o coloca em um lugar florido e generoso, no qual há muitas árvores, todas belas e boas, e entre elas o texto menciona duas: uma é a árvore da *vida*, acessível, disponível, e a outra é *etz ha-da'at tov w-ra'* – a árvore do compreender bem e mal. O que é isso? Quantas vezes tive de explicar...

Conhecimento eu traduzo com o verbo compreender, porque deve ser focado que o grupo terminológico de *conhecimento* está imbuído com o ato de possuir dentro dos limites do intelecto; o que, de fato, "*capta*" ou "*compreende*" refere-se à capacidade de reunir e conter dentro da própria *capacidade*. O que quero dizer, o que capto, o que compreendo, por definição, deve ser menor do que o recipiente, minha inteligência. Na verdade, usamos expressões interessantes como: *Captou o que eu lhe disse?* Ou: *Não consigo dominar esse conceito.*

E o que seria esse *tov w-ra'* – *bem e mal?* É uma figura retórica, uma estrutura típica da linguagem, chamada *pars pro toto*. Em outras palavras: *Citar uma parte de uma realidade para representá-la em sua totalidade.* Aqui os dois extremos são indicados, o bem e o mal, para entender o todo. E lembramos que em hebraico como em grego, "*bem*" significa belo, bom, justo, bem-feito, sem fronteiras entre estética e ética; da mesma forma, "*mal*" significa feio, mau, injusto, malfeito.

*Compreender o bem e o mal* significa *entender tudo*. E quando o homem tenta *entender tudo*, ele está voando no delírio da onipotência intelectual. Esse é o delírio ideológico hegeliano e marxista. Tudo passa pelo buraco da minha inteligência. Açambarco e compreendo tudo. Eis o delírio positivista do pensamento cientificista com sua pretensão de tudo abranger.

Na verdade, o texto diz mais tarde:

> E o Senhor Deus lhe deu esta ordem: De toda árvore do jardim comerás livremente, mas da árvore do conhecimento do bem e do mal não comerás; porque, no dia em que dela comeres, certamente morrerás (Gn 2,16-17).

O acesso à pretensão de tudo compreender certamente significa autodestruição. Estabelecer a vida como algo que deve se encaixar em minha lógica – como vimos no primeiro dia, sobre o tema do caos – significa começar a viver mal, ficar alheio aos fatos e rejeitar o incompreensível.

O que o pensamento rastejante faz nesse momento – pulamos muitos detalhes, infelizmente – quando dialoga com Eva? O que propõe?

> Então, a serpente disse à mulher: É certo que não morrereis. Porque Deus sabe que no dia em que dele comerdes se vos abrirão os olhos e, como Deus, sereis conhecedores do bem e do mal (Gn 3,4-5).

Diz: quebre esse limite porque foi imposto a você apenas para deixá-la ignorante! Esmague seu limite de sua criatura para se colocar no mesmo nível de Deus, para ser como Ele, e ser capaz de entender tudo. Veja que tentar entender tudo não é perigoso e é seu direito... Recuse-se a ser uma criatura! Rejeite seu limite! Quebre as proibições! "Sem limites!" Não se deixe castrar!

E tudo está lá: A proibição da parte de Deus é uma limitação ou uma custódia? O limite é tirânico ou paterno?

No Mito de Prometeu, o que é mais falso não é tanto Prometeu como os deuses de Prometeu. Essa divindade antagônica, aqueles seres divinos inimigos imaginários do homem, não existem. Pelo contrário, a ilusão de onipotência existe. Também chamado de rejeição do limite.

Mas não seria esta a questão crucial: O limite é verdadeiro ou falso? É ou não é verdade que temos limites? É ou não é verdade que não podemos fazer de tudo? É ou não é verdade que não podemos entender tudo?

Na vida há os "*nãos*". E quem os ignora acaba por se destruir.

Eduque uma criança adoçando todos os "*nãos*", evitando todos os possíveis contrastes com os limites, sobrepondo-se a qualquer ato de contenção. E você acabará criando uma pessoa infeliz.

Se o devido equilíbrio entre afirmações e negações é resolvido inteiramente na direção exclusiva das afirmações, a vida se torna uma completa mentira.

E o mais dramático é que, se rejeitamos os limites, rejeitamos também os relacionamentos. O outro é apenas o asfalto em que caminho livremente, porque não posso ser contido, delimitado.

Mas meu limite é você. Meu limite é o outro. Você não pode amar sem algo que o limite. Case-se com uma mulher que se recusa a ser contida: ela fará até mesmo um filho por si mesma em busca de autoafirmação.

Goste ou não, os limites são verdadeiros. Eles existem. O mito atual do homem que se redime de todos os limites é apenas a amplificação de um problema de adolescente. Que mediocridade!

Sem nada que me contenha, que me limite, eu como que me evaporo em estado gasoso, não sei quem sou, não percebo a beleza do outro senão pela competitividade, porque o tema da recusa do limite é o tema de uma angústia sem limites. A angústia de não ser nada.

Um casal de meus colaboradores teve dois filhos em meio a grandes tribulações: tanto a primeira filha como o segundo nasceram prematuros. Meses e meses de incubadora. Os agentes de saúde lhe pediram que providenciassem alguns rolos de um tipo de cortina específico para evitar correntes de ar. E por quê? Para colocá-los na incubadora ao redor. Porque a criatura, tão pequena, sempre se moveria para a borda da incubadora, e era melhor se encontrasse algo macio contra o qual impactar. Porque, disseram-lhes, a bebê procuraria um contato... Eles sempre a encontravam no limite, pobre filhotinha... ela estava procurando por alguém.

O limite não é uma taxa. É o outro. É o fim da solidão.

A árvore do conhecimento do bem e do mal era a árvore da relação paterna. Era a árvore da confiança, que vai além da ilusão da informação total. Em determinado momento tenho de confiar em alguém, tenho de deixar espaço para alguém.

De fato, todo ato de não amor, que no cristianismo é chamado "*pecado*", é a rejeição de um limite. Na alegação enganosa de não ter margens, eu me vejo rejeitando tudo o que me limita, e é precisamente isso que preciso fazer se quero amar, aceitar o outro como ele é, com seus defeitos.

E, além disso, os limites têm muito a ensinar. Quanto aprendi das minhas misérias! Quantas coisas importantes me ensinaram os limites do meu corpo e meu caráter insuportável! Quantas vezes tive de bendizer a Deus por como sou torto! Se eu tive amigos e irmãos, é só por causa das minhas limitações. Caso contrário, individualista como sei que sou, e quem calculava os outros? Quem estaria sempre aberto ao amor, ao serviço? Quem teria conhecido misericórdia? Só Deus sabe o quanto eu ainda tenho de caminhar...

Os limites podem ser pessoais, relacionais, físicos, psicológicos, econômicos, temporais, populacionais e muito mais.

Se todo limite se torna um trauma, a vida é um trauma...

As relações humanas podem ser o paraíso ou o inferno, depende da relação com os limites, se aceito ou não a minha condição. A con-dição é uma dicção, um dizer com outra pessoa; na verdade, a condição implica uma con-venção, chegar a acordos.

## Aproveitar os limites

Existe outro relacionamento com os limites.

Vejamos como o Senhor Jesus lê os limites da vida humana. Apenas um exemplo, porque o assunto é imenso.

O tema dos limites no corpo, na inteligência e na posse é tratado por um texto que merece muito mais espaço do que o que se segue:

a história das tentações no deserto, uma verdadeira manifestação da nova vida.

Nós simplesmente nos concentramos na proposta e na resposta, na agonia entre o maligno e o Senhor Jesus.

No texto de Mateus, começamos pelo corpo. As necessidades físicas. E tocamos no que os Pais da Igreja chamavam de princípio das paixões, a garganta.

> E, depois de jejuar quarenta dias e quarenta noites, teve fome (Mt 4,2).

Na situação extrema, após um jejum aterrador, imagem de um grande estado de privação, escapa às margens do ser e se defronta com uma necessidade primordial, a fome. E não há comida, estamos no deserto.

> Então, o tentador, aproximando-se, lhe disse: "Se és Filho de Deus, manda que estas pedras se transformem em pães" (Mt 4,3).

O absoluto se torna minha fome, tanto que uma pedra não pode permanecer assim, deve se tornar um pão; se Deus realmente me ama, Ele muda as situações e as torna satisfatórias. E se eu tiver uma história de abandono, meus relacionamentos devem me recompensar; se tenho marido, deve ser uma remuneração de acordo com minhas necessidades. E os filhos são um direito, então eu tenho de tê-los se eu os quiser, ou é meu direito suprimi-los se eu não os quiser. Eles dependem do meu estado de maior ou menor satisfação/exasperação. Tudo deve se tornar pão, tudo deve me satisfazer. Uma interpretação da existência onde meus apetites se tornam lei. Filhos déspotas diante dos pais, incapazes de contê-los – porque nunca se contiveram, não conhecem a gramática do autogoverno – e muito menos o da educação do outro.

Uma pena.

Quanta tristeza dão tantos adultos, marinheiros da balsa à deriva de seus apetites. Destinados a implosão e crescente insatisfação. Com um demoníaco imperativo de mentiras: tudo deve tornar-se comestível, satisfatório. A violação da realidade das coisas. E tudo se torna frustrante, porque as coisas não existem em função da nossa necessidade, mas são elas mesmas. São pedras por algum motivo.

O Senhor Jesus, convidado a manipular sua condição, diz:

> Está escrito: Não só de pão viverá o homem, mas de toda palavra que procede da boca de Deus (Mt 4,4).

Mas atenção: Jesus não opõe o jejum ao absoluto do apetite, como se costuma pensar, mas a um alimento melhor. Não "*só*" pão, mas muito mais: Deus Pai, que fala comigo, é muito mais do que uma comida ocasional. Ele dá sabor a tudo. Graças ao homem vive de verdade. O homem que São Paulo chama de "*homem velho*" é na realidade um imaturo e um míope... afinal, há um outro alimento. O novo homem que nasceu do Pai não tem "*só*" apetites, Ele tem muito mais: tem relações.

Suponho que seja mais claro com um mínimo de exemplos: a satisfação de uma fofoquinha sobre a vida alheia, o gosto intrigante da curiosidade sobre as coisas se torna insípido em face de um relacionamento sincero e claro, onde eu mordo minha língua em vez de falar com você para dizer algo que pode machucá-lo, porque entre mim e você há algo válido, algo precioso. Vejamos quem se alimenta melhor: quem fala de você pelas costas ou quem tentou lhe dizer algo que o preocupava. Veja bem quem está mais satisfeito dentre os dois. Qual dos dois "*vive*".

Amar implica que os relacionamentos sejam mais relevantes do que os apetites. E para amar eu devo desconsiderar mil vezes a minha necessidade. Eu vi amor naqueles que dormiam um mês no chão para orar por mim porque eu estava hospitalizado. Isso aconteceu mesmo. Aqui, um amor fraternal desse tipo surpreende, mostrando-lhe mais uma vez que Deus sabe como colocar amor nos corações das pessoas. E revela a vida. Quem faz isso tem vida, porque pode doá-la. Quem não pode doar é porque não tem.

No texto de Mateus passamos para outro limite, aquele dos fatos que não me obedecem, das coisas que não estão indo como eu quero.

> Então, o diabo o levou à Cidade Santa, colocou-o sobre o pináculo do templo e lhe disse: "Se és Filho de Deus, atira-te abaixo, porque está escrito: Aos seus anjos ordenará a teu respeito que te guardem; e: Eles te susterão nas suas mãos, para não tropeçares nalguma pedra" (Mt 4,5-6).

A tentação de fazer uma mudança forçada nas coisas é uma tentação extremamente religiosa, entre as coisas santas, para forçar Deus a mudar de rumo. Aqui está o problema da magia, da cartomancia, dos horóscopos e de todo um mundo de coisas para os tolos enganados por pessoas obscuras.

Mas ainda mais: há a tentativa de segurar as rédeas dos fatos. E a Bíblia na mão, usando qualquer argumento para fazer acontecer algo que acreditamos ser o certo. O limite a romper é o da ingovernabilidade do real e de uma Providência à qual não posso ditar os tempos. Notável é o fato de que o caminho para essa operação é o risco da integridade física de alguém, jogando-se no vazio; tudo para *"forçar"* a mão para a realidade. Essas são as *"ideionas"*, as grandes conversas fiadas que envolvem as pessoas e que se originam na rejeição do presente, do real. É a recusa da precariedade e da imprevisibilidade das curvas da vida por meio de uma reta forçada.

O Senhor Jesus, nessa antropologia do despotismo de seus próprios projetos, contesta:

> Respondeu-lhe Jesus: Também está escrito: "Não tentarás o Senhor, teu Deus" (Mt 4,7).

Não sou eu quem mede o Pai, é Ele quem me dá vida, e é Ele quem dá o ritmo. Eu aceito meu limite como filho, como homem. O Pai sabe o que está fazendo.

Como é bonito estar perto de um cristão que abandona a si mesmo, que não força o real, que tem a capacidade de esperar pelos tempos dos desígnios de Deus, quão pesado é estar ao lado de um falso cristão, que cita as Escrituras para atacar, para "*intervir*" porque "*algo precisa ser feito*".

A Parábola do Joio no campo é como uma lixa para minha sensibilidade quando quero "*ajustar*" coisas no meu perfeccionismo, quando quero *consertar* tudo e não aceito minha limitação: Deus sabe o que faz e a realidade não segue o meu ritmo. Felizmente.

Meu já citado primeiro diretor espiritual repetiu para mim um popular provérbio dos Abruzos: "*Eu sempre vos agradeço, Senhor Deus, porque as coisas não acontecem do meu jeito!*" Quantas vezes a lembrança desse provérbio feriu minha eficiência...

Jesus confia no Pai. Esse é o projeto. Venha o teu reino. Tu comandas, em ti confio. Concordo em ficar no meu lugar de Filho.

Assim vem o limite da posse incompleta e do poder limitado. Não posso fazer tudo e não tenho tudo de que preciso. Eu sou precário por constituição e tenho uma vida frágil, então macaqueio a vida com a posse.

Sobreviver ao limite da precariedade, tentando exorcizá-lo negando-o. Então o pai da mentira propõe uma excursão nas montanhas:

> Levou-o ainda o diabo a um monte muito alto, mostrou-lhe todos os reinos do mundo e a glória deles e lhe disse: "Tudo isto te darei se, prostrado, me adorares" (Mt 4,8-9).

O diabo nos ensina a usar a altura para olhar de cima, como uma posição de poder, e olhar para aquele parâmetro que é uma relação simples entre objetos, como a posse, onde a superfície das coisas é medida, sua aparência. E as coisas parecem grandes, fantásticas, a glória parece enorme; mas é um balão inflado, um alfinete tão pequeno quanto uma cruz chega e tudo parece vazio.

O interessante é o preço do assunto. Nada, uma barganha: você deve se submeter ao mal. Todo poder terrestre implica compromissos. E posse implica submissão. Qualquer um que possua algo também é possuído. O poder controla os poderosos, e não o contrário. Só quem doa possui, porque gerencia as coisas. Quem deixa de doar alguma coisa é porque é possuído por essa coisa. É dependente dela.

O limite recusado, repetimos, é a vulnerabilidade, a precariedade. A pobreza.

Pode-se apreciar o estado de dependência das coisas por meio de um medidor infalível: a ansiedade. Aqueles que estão ansiosos com alguma coisa dependem dela.

Mas uma vida melhor é possível:

> Então, Jesus lhe ordenou: "Retira-te, satanás, porque está escrito: 'Ao Senhor, teu Deus, adorarás, e só a Ele darás culto'" (Mt 4,10).

Vamos ver melhor qual é a mentira: o engano não é que eu dependa de alguma coisa, porque isso, pensando bem, é verdade. Eu tiro a vida necessariamente de uma fonte, é a minha condição. A reivindicação de autonomia é simplesmente estúpida, a vida é sempre algo que é recebido. O problema é de quem eu tiro a vida. Se eu a tomo de coisas que não têm vida a oferecer...

Somente o Criador, somente o Pai celeste merece minha intimidade – em grego, adorar, *proskyneo*, literalmente significa *aproximar-se da boca, beijar*. Obedecer, somente se obedece a Deus e a mais ninguém. Absolutamente nunca se curvar a qualquer outra coisa. Eu obedeço à Igreja porque obedeço a Deus, e não o contrário.

A vida que nos acolhe para resolver nossa impotência em nos entregarmos ao Pai é a vida de Cristo. É um dom, não uma habilidade de que disponho como minha. Entre nós e essa bela vida há apenas uma ponte, um Senhor Jesus Cristo que dá o seu Espírito para se tornarem Filhos.

Se pensarmos sobre isso, os limites para Jesus são ocasiões para se relacionar com o Pai. Eles são sua chance de ser um filho. A fome é ocasião para pedir o pão de cada dia, experimentar sua providência; as coisas que não entendemos são o momento do abandono; a pobreza é o lugar para desobedecer a ansiedade e passar a confiar.

Jesus não escapa dos limites. Ele os usa.

Qual conselho para este terceiro dia? Para receber o dom de recomeçar, é útil definir que os limites são de dois tipos. Nós vamos falar sobre o último mais tarde.

Primeiramente, existem os limites que temos. Aqueles devem ser acolhidos – e com a ajuda de Deus até mesmo valorizados.

Eu estou diante de um crucifixo e vejo que ele é um homem pregado. O que há de mais impotente do que um homem crucificado? Mãos e pés presos e terrivelmente machucados. Um crucificado é inútil. Mas Ele mudou a história. Esse homem impotente fez o ato mais incisivo em toda a aventura humana. Não há homem mais conhecido na história. Aquelas mãos pregadas nos reuniram, aqueles pés mutilados nos abriram o caminho para o céu.

E se... nossos limites fossem os mesmos? E se a vida "*não*" estiver nos infligindo algo para parar de fugir?

No fundo, por trás de todos os pecados, como foi dito, por trás de todo o nosso não amor, há ódio por nossos limites, pela nossa pobreza, que não é nada além de ódio por nós mesmos. No "*sereis como Deus*" da serpente, implicitamente, satânica, há "*você não será mais aquela coisa minúscula que você é*". Escapar dos limites é fugir da nossa humilhante pobreza. É fugir de nós mesmos.

Acolher – mais uma vez – o que somos, aqueles amargos "*nãos*" que a vida nos diz, é para fazer as pazes com nós mesmos. Mas nós não sabemos fazer isso. Por isso, se alguém quiser tentar, eu recomendo fazer isso diante de um crucifixo, ou diante de uma reprodução do Santo Sudário.

E, primeiro, invoque o Espírito Santo, porque o que vai ser feito não é possível com a sua própria força – isso deve ser recordado sempre. E, assim, com os olhos fechados, abrindo sua memória para tudo o que nos limitou, o que no passado e no presente nos disse e está dizendo "*não*". Todos os limites que vêm à mente. Impotência, limites físicos, internos, históricos, materiais, afetivos.

E então abra seus olhos. E olhe para todos esses limites em Jesus. E siga seus passos. E diga a Ele: amém. Este sou eu, estas são minhas fraquezas. Amém. Tu, Senhor, sabes o porquê desses "*nãos*". Nisso me pareço contigo, muito mais do que nas minhas qualidades provocantes. Na minha pobreza estou perto de ti. Amém.

Dizia o grande Georges Bernanos:

> Odiar a si mesmo é mais fácil do que se pensa. A graça está em se esquecer. Mas se todo orgulho estivesse morto em nós, a graça das graças seria amar-se humildemente a si mesmo, como qualquer um dos membros sofridos de Jesus Cristo[22].

Tem só trinta anos que eu li essa passagem de Bernanos. São 30 anos que claudico para aprender do Senhor Jesus como me reconhecer e me amar humildemente como um pedaço de seu corpo. Descobri que foram necessários um tumor e muitos erros para começar a fazer um pouco. E amá-lo um pouco nos irmãos. Eu, uma pequena cama de mim que, tendo conhecido o amor do Pai, devo sempre me levar comigo. Sempre pobre. Sempre.

Aceitar os limites para recomeçar. Sou caminho abençoado da graça. Dentro dos limites, posso ser filho.

---

22 BERNANOS, G. *Diario di un curato di campagna*. Milão: Mondadori, 1965, p. 288 [em português: *Diário de um pároco de aldeia*. São Paulo: Paulus, 2002].

## Podar para dar mais frutos

Há então o outro lado. Não existem apenas limites a serem aceitos. Aqui aparece o primeiro passo ativo e positivo no processo de reconstrução.

Existem também limites que nós devemos estabelecer. Há alguns "*nãos*" que ninguém, nem mesmo Deus, pode dizer em nosso lugar.

Mas para ver como colocar os diques para limitar o mar devemos considerar a segunda parte brilhante deste terceiro dia, até agora apenas aparentemente negligenciada.

> E disse: "Produza a terra relva, ervas que deem semente e árvores frutíferas que deem fruto segundo a sua espécie, cuja semente esteja nele, sobre a terra". E assim se fez. A terra, pois, produziu relva, ervas que davam semente segundo a sua espécie e árvores que davam fruto, cuja semente estava nele, conforme a sua espécie. E viu Deus que isso era bom. Houve tarde e manhã, o terceiro dia (Gn 1,11-13).

Eis o propósito dos limites, das margens, dos diques! Que lindo tudo isso brotando, prosperando, plural, exuberante! A terra, finalmente aparecida, floresce.

Quanto potencial existe nas pessoas. Quanta terra boa só pode aparecer se você começar a criar espaço para a dimensão frutífera. Às vezes eu olho para o tapete de jovens que são indignamente confiados a mim pela Providência, e vejo uma boa terra submersa, um potencial ilimitado. Quantos frutos, cada um de acordo com sua espécie.

Cada um é uma surpresa e será a semente de outro. Toda pessoa tem sua capacidade de florescer. Cada pessoa é um recurso, é uma generosidade de Deus. Quantas vezes eu disse a frase: "Há algo que só você pode fazer, existe alguém que só você pode amar, há um fruto de felicidade que florescerá em você, e só em você pode florescer!" Cada um de acordo com sua espécie.

Se alguém dá espaço à sua terra, descobre sua própria espécie de fruto. Qualquer um pode desabrochar se não for sufocado.

Devemos conter o mar e finalmente aparecerão as pessoas, o que elas têm de específico. A principal tarefa dos diques, na verdade, não é limitar o mar, mas proteger a terra para que germine.

Assim, impostado dessa maneira, o discurso se torna viável. Quando está claro que o "*não*" a ser emitido tem apenas uma dimensão, a construtiva, a frutífera, então há fecundidade em nós. "A terra deu o seu fruto" (Sl 67,7), diz um sereno salmo de bênção. Isso é muito mais importante do que uma interpretação ética dos limites a serem colocados a si mesmos.

Vamos ouvir uma passagem de Emmanuel Mounier, filósofo personalista francês, que infelizmente teve uma vida muito breve:

> O esforço espiritual, numa religião de transcendência, de interioridade e de encarnação ao longo do tempo, deve ser estimulado em altura, largura e profundidade. Esta nunca deve comportar uma recusa ou oferecer um sacrifício que não seja aceito e negado em uma aceitação mais elevada: o esforço exclusivo contra o instinto depende da rejeição e primeiro endurece, logo paralisando toda a vida psíquica em uma atitude habitual de inibição. Aqueles que passam a vida inteira freando, rejeitando, atropelando, não propõem outra coisa além de gestos de negação e retraimento; iniciativa e criatividade, como o amor, vêm apenas de uma abertura interior. Aqui está a fonte dessa tristeza opaca e um tanto estúpida que muitas vezes vemos entrar e sair de igrejas e templos[23].

---

23 MOUNIER, E. *L'avventura cristiana*. Florença: Libreria Editrice Fiorentina, 1990, p. 52-53 [orig. francês: *L'Affrontement chretien*. Paris, 1945].

E ainda:
> O ascetismo deve obter do instinto precisamente aquele passo elástico, aquela força de conteúdo, essa disponibilidade vibrante. Transfigurar, mas não domesticar. O instinto, caído por terra como São Paulo na estrada para Damasco, como São Paulo deve imediatamente se levantar e clamar ao homem que o fez sentir o peso de sua mão humana: "Senhor, o que devo fazer?"[24]

Aqui, se nós os definirmos dessa forma, os diques, serão então um ato criativo. Caso contrário, são apenas repressão e que Deus nos livre disso.

O significado do fruto e da beleza deve orientar a identificação dos limites que devemos nos colocar. Também é certo o horror do desperdício da beleza de alguém, que preserva o sentido correto do perigo do mal que pode ser feito.

Nesse sentido, podemos "*desalfandegar*" alguns nós estratégicos do agir cristão. Este é um pequeno grupo de dons e virtudes que devemos recuperar de um ambiente que perdeu de vista a sua fecundidade e acaba, como diz Mounier, por se concentrar apenas em "*restringir, repelir e atropelar*"; vale a pena finalmente entrar no território das podas para que cada pessoa "*dê mais fruto*" (Jo 15,2).

São atitudes, virtudes, dons que a sabedoria de tantos cristãos identificou diante de nós, entre Escritura e Tradição, e nos deu. Termos como prudência, temor de Deus, vigilância, abstinência... essas coisas que precisamos reconstruir, mas não são correntes a nos aprisionar, mas sim formas de cura.

Antes de tudo, *prudência* não significa transitar a 30km/h numa via expressa fazendo com que todos buzinem atrás de você; mas, como diz o *Catecismo da Igreja Católica*, é a capacidade de "*discernir, em

---
[24] Ibid., p. 55.

*todas as circunstâncias, o verdadeiro bem e para escolher os justos meios de o realizar*" (CIC 1835). Na prática: é a capacidade de selecionar tudo o que fazemos para o nosso verdadeiro bem. É a atitude de visar o alvo e, portanto, fazer tudo para acertar no centro.

Em nosso caso, devemos tomar as prioridades do segundo dia e deixá-las funcionar como motivações, porque elas de fato o são. Identifiquei que a prioridade desse tempo é terminar a faculdade? Então eu miro nisso, eu me pergunto se isso ou aquilo "*joga*" a favor ou contra essa prioridade. Eu entendi no segundo dia que agora é hora de cuidar do meu relacionamento com minha esposa? Então devo ler tudo nessa chave: Isso me ajuda? Então está tudo bem. Não me ajuda? Então me desculpe, não tenho tempo. Prudência é a atitude à qual submeto tudo o que faço até o fim. Trata-se de construir sem dispersão.

E então revisamos o que a tradição cristã significa com o *santo temor de Deus.* Não é outra coisa senão um dos sete dons do Espírito Santo. Alguns fazem a distinção entre *temor* – que é um senso de Deus, de sua presença – e *medo* – que seria o instinto de autopreservação e seus derivados. Muito bonito. Mas em hebraico as duas coisas não se diferenciam. Ambas são ditas com a palavra *yira'* que significa medo. Pronto. Chega.

Então a distinção é antes entre medo e medo, construtivo e destrutivo. Como uma faca, que pode servir tanto para alimentar como para matar. Existe um medo que não tem nada de sagrado e que de fato não vem de Deus, e essa é a dinâmica básica do pecado. Mas há um dom do Espírito Santo que infunde medos santos no coração, como o medo de fazer sofrer aqueles que amamos, ou de não amar até o fim, ou de cair no abismo de nossa própria depravação, ou de desperdiçar as oportunidades que Deus nos dá e, acima de tudo, o medo de perder o fio da nossa relação com Deus. Basílio o Grande diz: "*Se nos ocorre de pecar, é por causa da falta de temor de Deus*".

Então, como nos ajuda o *santo temor de Deus*? Com o senso dos próprios perigos e a humilde memória de nossa fraqueza, para manter nossos pés no chão e colocar a constância na exclusão de coisas que põem em risco o que a prudência está fazendo com que eu me concentre. Se eu entendi que esta é a hora de estar com meus filhos, o santo temor de Deus me ajuda a lembrar dos riscos que corri ou do mal que já cometi. Se sou tentado a voltar a ser um pai relutante, o santo temor que o Espírito Santo pode me dar me concede a humildade de não parar no caminho certo que tomei e de ignorar as distrações, mesmo que isso me custe.

Então eu já estou entrando no campo da *sobriedade,* em grego *nepsis*, que em si também significa *vigilância*. A língua portuguesa nos ajuda, e nos diz que o sóbrio, o vigilante é aquele que não está atordoado. É alguém que tem os cinco sentidos lúcidos. Então lembro que há coisas que me entorpecem. E as evito para permanecer lúcido.

Devo recuperar meu relacionamento com o estudo, por exemplo. E sei que há muito tempo perdido, que não existe meio-termo: desligo o celular, como menos, acordo mais cedo. E por quê? Porque tendo entendido que se trata de uma prioridade saudável para eu terminar essas benditas matérias, que esta é a vontade concreta de Deus para mim, é esse o jeito para recomeçar a dar frutos; com prudência mantenho o foco nisso, e com o temor de Deus lembro-me de que estava me arruinando e, portanto, oro para que o Espírito Santo me conceda disseminar minha vida presente com esses pequenos mas dolorosos "*nãos*" que, na realidade, quanto mais eu os digo, mais fácil se tornam.

São exemplos risíveis, mas tudo isso pode se relacionar com coisas muito mais sérias, sangrentas.

Mas nessa elementar disciplina primária que estamos descrevendo e que está bem para todas as situações, ainda não chegamos a esse ponto.

Também a *abstinência* deve ser desencadeada. Normalmente entendida como uma recusa ou renúncia genérica, é uma atitude muito mais refinada. A abstinência não ensina a ficar longe dos erros, mas daquele espaço que está lá, antes dos erros. Há coisas que são legítimas, podem até ser inofensivas para você, mas para mim, por causa de minha natureza, me levam para o destrutivo. Se com prudência e temor de Deus – uma sensação de beleza e lembrança de fraqueza – estou focado na lealdade à minha esposa, não basta simplesmente que eu não a traia, mas que tenha também o cuidado de não assumir comportamentos ambíguos, fazendo coisas que seriam até justificáveis, mas que eu bem sei que poderiam me desencaminhar. A abstinência, na verdade, tem a ver com a sinalização de uma ladeira que leva à dispersão.

A abstinência me ensina a parar de me voltar para o espaço ocupado pelo pecado, talvez até pensando que eu não faço nada de errado até um milímetro antes do pecado. Não posso chegar a esse ponto: devo parar muito antes.

Um exemplo infelizmente muito urgente para os jovens conectados: se você deve sair da dependência de sites pornográficos, evite navegar na internet sozinho e em horários perigosos. Navegar na rede não é uma coisa ruim, mas se alguém identificou as condições em que se perde, deve evitar as famosas *ocasiões próximas do pecado*[25].

Qualquer coisa que leva à destruição deve ser evitada. Você precisa saber quando parar, antes de começar: é a preservação da própria beleza.

---

25 O autor remete a um trecho de um dos atos de contrição, o mais popular na Itália [N.T.].

Curiosamente, essa irmã é a menos conhecida das quatro, justamente a abstinência, o lugar onde a pessoa começa a melhorar. É aqui que a alegria da fruta começa.

Acabou? Não, porque vale a pena voltar a ver como o Senhor Jesus exerce sua filiação na passagem das três tentações.

Vejamos bem como o Senhor Jesus toca a escravidão dos apetites, a obsessão de projetos e a armadilha de posses, conectando-os a aspectos que estão centrados em seu ser Filho do Pai celestial.

O *jejum* é comer algo maior do que "*só o pão*". Há algo mais satisfatório do que forçar a primeira coisa que aparece a se tornar comida.

A *oração* ajuda-me a estar em relação com Deus; e em vez de seguir minhas hipóteses levianas, eu falo com Ele, retirando-me do meu monólogo.

A *pobreza* das coisas que possuo neste mundo me fará ser *do* Pai, e uma vez que tudo o que tenho neste mundo tende a me escravizar, exercito a arte da liberdade com a *esmola,* para ser livre para não me curvar diante de qualquer outra coisa senão dele que tudo me concede.

O jejum é sempre o primeiro passo na reconstrução. Há algo que preciso tirar para abrir espaço. E o espaço será preenchido pela oração, porque a lucidez que vem do jejum me faz pensar melhor e meus pensamentos se acalmam, e então eu posso invocar meu Deus e permanecer calmo para esperar que me toque o coração. Se eu esperar, seu sopro gentil sempre vem. Então vejo o que posso fazer de bom, posso alcançar os irmãos e assim permanecer em união com Ele e também com meu coração.

Lúcido, confiante e na condução dos meus atos. Um príncipe.

Começo a experimentar como é bom viver como filho e não como escravo.

Mas este é um ponto de chegada, não um ponto de partida. Aí se chega bem devagarinho.

Uma segunda dica para o terceiro dia pode nos ajudar. Ainda no quarto de oração, fechamos a porta à banalidade; na presença de Deus partimos dos frutos. É a coisa que realmente nos interessa, que a vida siga rumo à fecundidade, ao amor, ao bem.

Aqui precisamos retomar a lista de prioridades, checar se elas estão de acordo com uma inspiração amorosa, se há fecundidade ou se, numa inspeção mais atenta, não tem um fedor de perfeccionismo. Se as sentimos como obediência a Deus, como um caminho para crescer no amor, como um caminho construtivo, então, bem, agora precisamos usá-las.

Concentrando-me no fato de que Deus está me mostrando que há coisas que importam primeiramente para mim, já estou no campo da prudência, que é a arte de lembrar o objetivo, a meta, e isso está nas prioridades.

Por isso, lembro-me de que sou péssimo amigo das minhas prioridades e, com a ajuda do santo temor de Deus, lembro-me dos meus reais perigos em relação às minhas prioridades concretas.

Então, há coisas que, levando em conta minhas fraquezas, de acordo com a sobriedade, devo evitar como a peste.

E assim, com a abstinência, eu me pergunto quais são as áreas de contágio a serem evitadas.

O que eu disse? Em resumo: tomo as prioridades e aplico as atitudes que citei acima. É um caminho que também pode ser feito de forma diferente. Se alguém a percorre lentamente, durante o caminho poderá descobrir cada vez melhor as suas próprias personalizações.

Um exemplo mínimo:
Uma prioridade que a Providência me mostrou, a parte indispensável da minha vida, pode ser a serenidade e o bom crescimento

de meus filhos. Os filhos que Deus me deu são um ponto fixo que não posso mais banalizar.

Eis que diante de Deus digo-lhe, peço-lhe: Concede-me que eu seja um bom pai! Isso é importante na minha vida. Se eu falhar nisso de que adiantaria ser bom em todo o resto?

E lembro-me dos erros que cometi com meus filhos; peço a Deus que me ajude a não os repetir.

E me pergunto: O que o Senhor me fez entender dos meus erros? Qual foi a minha estupidez?

Digamos que devo admitir que fiquei obcecado por um dos meus objetivos, um desejo que me devorou a inteligência. Uma coisa boa – mas também não – que me parecia primária; minha própria produção. E alguém ainda me dizia que eu estava errado, mas eu, com meu orgulho, o ofendi.

É quando algo toma o espaço do meu relacionamento com meus filhos, a coisa não é boa, não funciona. Agora você entende o que eu quero dizer quando proponho que você coloque no papel qual é o espaço intocável dos filhos... tempos, dias, atos a serem feitos com eles...

Eis os limites: nem São Cunegundo do Monte Trombone toca nessas coisas. Só Deus em pessoa para me dizer que devo sacrificar algum desses espaços.

Mas São Cunegundo não virá, eu serei o inimigo dessa sabedoria que tive de coletar da minha confusão. Sou eu quem não respeita esses limites.

E por isso sei que devo me apegar à oração e jejuar para ser um bom pai. E você sabe do que estou falando: rezo um terço pelos meus filhos, para que estejam em meu coração, e conto com o auxílio da Virgem Maria.

E então, sabe o que é que acontece? Eu deixo de assistir à partida de futebol, que não tem nada a ver com essa prioridade. E você sabe o que eu faço? Desligo o celular no sábado, só o ligo duas vezes ao longo do dia, para conferir se por acaso surgiu alguma necessidade urgente de caridade para com alguém, mas meus filhos vêm em primeiro lugar.

E sei que também devo permitir que alguém me ajude a compreender tudo isso. E pratico o esporte radical que mais temo: pergunto à minha esposa o que ela pensa sobre tudo isso. Ela acaba me dizendo... e aceito que ela me diga. Meu Deus, isso é realmente conversão... não estou exagerando? Não, se eu der à minha esposa o poder de me corrigir, então terei certeza de que estou me entregando à santa vontade de Deus, que isso é precisamente o que me deixa mais amedrontado, porque aquela chata me conhece e me diz a verdade. Droga. Foi justamente ela quem não concordou com minha fixação...

Terminemos este terceiro dia, o dia dos frutos a serem protegidos por meio da disciplina dos limites, com o verso de um salmo:

> Ele estabeleceu a paz nas tuas fronteiras e te farta com o melhor do trigo (Sl 147,14).

As fronteiras são geralmente o lugar da tensão, da guerra. Se alguém aceita ter limites e humildemente se submete a bons hábitos para recuperar o autogoverno, Deus sabe como transformar a dor de um limite em paz, em alegria, em um recurso; e o que é pobre, em riquezas; e a fraqueza, em força. E Ele sabe como dar à amargura de uma disciplina o doce sabor da vida que começa a vicejar novamente. Começa-se a comer a *fina flor do trigo* dentre as coisas belas que lentamente se recomeça a fazer.

Porque, dizendo de maneira muito simples, jejum, oração e esmola trazem a paz.

## Quarto dia
## O dom da inspiração

*Recomece, não repita*

> *Disse também Deus: Haja luzeiros no firmamento dos céus, para fazerem separação entre o dia e a noite; e sejam eles para sinais, para festas[26], para dias e anos. E sejam para luzeiros no firmamento dos céus, para alumiar a terra. E assim se fez. Fez Deus os dois grandes luzeiros: o maior para governar o dia, e o menor para governar a noite; e fez também as estrelas. E os colocou no firmamento dos céus para alumiarem a terra, para governarem o dia e a noite e fazerem separação entre a luz e as trevas. E viu Deus que isso era bom. Houve tarde e manhã, o quarto dia (Gn 1,14-19).*

---

26 Na tradução da Bíblia utilizada ao redigir esta tradução, não aparece a palavra "festa" e sim "estação". A alteração da citação de Gênesis se deve à reflexão subsequente do autor deste livro. Vale lembrar que a palavra "festa" em italiano tem várias acepções: festival, festa, feriado... [N.T.].

Entramos num dia que representa um enigma: fontes de luz são criadas no firmamento para separar o dia da noite. Mas não foi esse o primeiro dia? A luz já foi criada! E a distinção entre dia e noite já foi feita lá. A luz e a escuridão já não estavam separadas?

O que é adicionado, primeiramente, é:

> sejam eles para festas, para dias e anos (Gn 1,14b).

Nós diríamos: *para os dias, para os meses e para os anos*. Aqui outra ordem é dada. Os meses nem sequer são mencionados. Em vez disso, há as festas. Que mentalidade estranha... a vida é marcada por meses ou por festas? O pensar o tempo não é feito por ordem de grandeza? Os dias não viriam primeiro?

A principal unidade de medida aqui são as festas. Estas são os momentos em que as obras de Deus são celebradas na história do povo. Os dias são marcados por aquilo que você festeja. O que você celebra realmente secciona o tempo.

Eu ouvi coisas como: *"minha vida está dividida em dois momentos, entre antes e depois de ter reencontrado a fé. Primeiro ela era em preto e branco; depois, em cores"*. E você aprende a apontar a bússola da sua existência não conforme o calendário, mas conforme os encontros com Deus, nos pontos de virada relevantes.

Não me lembro de uma enxurrada de coisas que aconteceram em minha vida, mas volto aos anos antes e depois de pensar em quando encontrei a fé, quando meu irmão morreu, quando fui ordenado sacerdote, quando comecei os Dez Mandamentos[27] e as últimas palavras que meu pai me disse antes de morrer, e a última vez que vi meu amigo Carlo, e a primeira noite como pároco, e a primeira vez

---

27 O autor se refere ao movimento *I 10 Comandamenti*, nascido de sua própria experiência como vigário paroquial encarregado de trabalhar com os jovens. Trata-se de uma série de catequeses normalmente com jovens auxiliados por um pregador (na maioria das vezes, um sacerdote) que percorre todo o Decálogo buscando respostas para as inquietações atuais e, consequentemente, um adequado discernimento [N.T.]

que fiz os exercícios espirituais de Santo Inácio, e... Talvez não seja muito importante para você, mas eu sou estruturado pelas minhas festas, não pelo ábaco das minhas luas.

Um salmo diz:

> Ensina-nos a contar os nossos dias, para que alcancemos um coração sábio (Sl 90,12).

A sabedoria consiste em saber contar o tempo.

Sim, eu tive de aprender sobre mim mesmo e depois ensinar muitas pessoas a contar as coisas de maneira diferente. É uma escola que o Senhor lhe oferece. Ele, por meio de fatos que fazem você pular de um estilo de vida para o outro, revela que os dias não são os mesmos. Há dias para nascer e dias para morrer, dias para demolir e dias para construir, dias para ficar quieto e dias para conversar (Ec 3,1-8), parafraseando o Livro do Eclesiastes.

E as coisas são medidas pelo que carregam dentro de si, o tempo interior e o tempo cronológico são como Mozart e Salieri, o sublime e o medíocre.

As festas para os israelitas, vale lembrar, não eram como a Festa do Queijo Caciotta trufado de Acqualagna. Aqui está o que são:

> Fala aos filhos de Israel e dize-lhes: As festas fixas do SENHOR, que proclamareis, serão santas convocações; são estas as minhas festas (Lv 23,2).

São compromissos, são reuniões. São momentos de comunhão de um povo com o seu Deus, marcados pela comemoração das obras que esse Deus fez com Israel. É a história de um relacionamento. Isso deve ser enfatizado e celebrado para apresentar as coisas que devem ser lembradas, porque elas são o amálgama de um relacionamento.

É como se sua mãe se esquecesse de seu aniversário. Impossível. É justamente por causa de seu nascimento que ela é sua mãe. E, se não fosse por meus tantos aniversários, minhas irmãs não saberiam a que ponto chegaria a minha gordura, e não poriam sal na minha cauda – geralmente para fazer sua contribuição notável para minha expansão volumétrica. Felizmente, há festas que iluminam tudo.

As festas são o tempo. Uma vida sem festas é uma linha reta de coisas indiferenciadas.

Então o sol e a lua servem para as festas, veja você. Não o contrário. É a vida que serve ao relógio ou o relógio que deve servir à vida? Com essa pergunta podemos entender as pessoas e sua qualidade atual.

De fato, esse relevo na qualidade do tempo nos leva ao elemento que explica o propósito e a novidade dessa fase, a função do sol, da lua e das estrelas, ou as criaturas do quarto dia.

> Disse também Deus: Haja luzeiros no firmamento dos céus, para fazerem separação entre o dia e a noite; e sejam eles para sinais, para festas, para dias e anos. E sejam para luzeiros no firmamento dos céus, para alumiar a terra. E assim se fez (Gn 1,14-15).

Se no primeiro dia vimos que a luz e as trevas são a primeira distinção feita; no segundo, foram separadas as águas da vida das águas da morte; no terceiro, vimos a divisão entre o mar e a terra. Agora essa terra frutífera precisa de um *upgrade* em seu sistema de iluminação.

A palavra que Deus pronuncia no quarto dia define a tarefa dessas novas criaturas, *iluminando a terra*, o espaço da fertilidade. E o que Ele ainda diz?

> Fez Deus os dois grandes luzeiros: o maior para governar o dia, e o menor para governar a noite; e fez também as estrelas (Gn 1,16).

Os dois luzeiros, o maior e o menor, iluminam "para governar o dia" e "para governar a noite". E então Ele repete definitivamente:

> E os colocou no firmamento dos céus para alumiarem a terra, para governarem o dia e a noite e fazerem separação entre a luz e as trevas (Gn 1,17-18a).

São três atividades sequenciais: alumiar, governar e depois separar. Sol e lua iluminam porque o dia pode ser governado na terra e a noite pode ser governada, e assim a luz e as trevas são distintas.

Nós repetimos: pontos de iluminação para governar, e porque a luz é distinta das trevas. O ponto focal começa a aparecer: o governo do espaço da existência para distinguir a luz e as trevas. Luz e trevas são duas coisas muito diferentes, e isso desde o primeiro dia, mas enquanto ando na terra me confundo mil vezes: preciso de algo que me governe para não me confundir. Jesus diz:

> São os olhos a lâmpada do corpo. Se os teus olhos forem bons, todo o teu corpo será luminoso; se, porém, os teus olhos forem maus, todo o teu corpo estará em trevas. Portanto, caso a luz que em ti há sejam trevas, que grandes trevas serão! (Mt 6,22-23).

Se não distinguimos treva e luz – o que fazemos em cada erro nosso – é porque a luz que temos, o nosso "*olho*", não funciona bem, não governa, não distingue.

É uma luz que, se for linear, simples, reta, vai bem e ilumina todo o corpo, toda a realidade. Mas se é ruim, então haverá problemas. Será uma grande escuridão.

Estamos entrando em uma área ainda mais nevrálgica. Para identificá-la, sublinhamos um aspecto das palavras de Jesus no sexto capítulo do Evangelho de Mateus que citamos:

> São os olhos a lâmpada do corpo (Mt 6,22a).

Como na história do firmamento, também aqui temos uma afirmação de que, do ponto de vista morfológico, é risível. O olho não se ilumina, ele é iluminado. É passivo, não ativo. O que Jesus diz, por outro lado, corresponde à convicção da época: os olhos iluminavam as coisas por virtude própria, como se fossem projetores, e ainda se iluminavam para dentro. Aqui também devemos ter cuidado antes de jogar fora uma indicação desse tipo apenas por ser morfologicamente estranha. Aparentemente.

Do ponto de vista físico, não é nem um pouco absurdo: se examinarmos a estrutura do aparato visual, descobriríamos algo notável: dos cinco sentidos, a visão é o mais cerebral. Na construção da percepção mental dos objetos, o processamento é, inconscientemente, enorme. O cérebro coloca elementos como a perspectiva ou a reconstrução unitária de um objeto que é apenas parcialmente percebido na realidade – apenas para dizer algumas coisas e não perder muito tempo neste ponto. Mas, estruturalmente, isso é verdade: não apenas o olho percebe os fótons através da retina e os comunica com o nervo ótico, como também é apenas o começo do sentido da visão. A elaboração dos dados fornecidos pela percepção é muito articulada. O cérebro reordena a ordem das imagens em relação à percepção invertida, reconstrói a tridimensionalidade, e acrescenta os elementos que faltam...

Basta pensar: é mais fácil enganar o olho ou o ouvido? O primeiro. O segundo é menos vulnerável.

E pensemos no tema do "ponto de vista". As coisas iluminam os olhos ou o olho ilumina as coisas? Bem, se por olho queremos dizer todo o dinamismo da percepção visual, não é certo que a segunda formulação, mesmo que apenas materialmente, esteja errada. Existencialmente, é mais verdadeiro que o olho ilumina as coisas.

Quando passei pelas grandes mudanças da minha vida, do que eu tinha ao meu redor, nada havia mudado: cores e formas, tudo continuava igual. Foram meus olhos que mudaram.

Qual é o meu sol para iluminar meus dias? Qual é a minha lua para entender alguma coisa na minha noite? Que luz há em mim? Como eu vejo as coisas?

## Vaga-lumes e lanternas

Luz e escuridão, como vimos no primeiro dia, são para entender o que fazer e o que não fazer.

Nós temos luzes que são dia e luzes que são noite. E nessa nossa aventura estamos acolhendo a história da criação como um paradigma de nossa existência, vale lembrar que o texto nos foi legado por um povo que andava na escuridão e tropeçava. Ele não sabia como governar sua noite, também porque não sabia como governar seu dia. Isso significa: esse povo não podia entender o que seu Deus lhe dizia no dia da salvação e preparou para si a própria desgraça. Esse povo não entendeu o que o Senhor lhe dizia durante a desgraça, a fim de retomar o caminho da salvação. Ele desperdiçou as promessas que recebeu e não aproveitou o amadurecimento ligado ao sofrimento. Não compreendeu o seu Deus e não compreendeu a si mesmo.

Não compreendeu o que celebravam suas festas; instrumentalizou-as, lendo-as todas da maneira estúpida.

> Portanto, caso a luz que em ti há sejam trevas, que grandes trevas serão! (Mt 6,23).

Quais são essas duas sabedorias, uma luminosa e outra tenebrosa das quais Jesus fala? Para Ele são *"a luz que em ti há"* e antes disso: *"os teus olhos"*. E esses olhos podem ser *"simples"* ou *"maus"*. Antinomia estranha. Simples se opõe a complexo ou complicado; e mau a bom. Não. Simples oposto a mau? Estranho.

Na verdade, as duas palavras seriam simétricas em seus significados físicos, mas não existenciais. A palavra que temos para *simples* – 'aplous – também pode significar *saudável*, enquanto a palavra que temos para os *maus – poneros –* também significa *doente*. Os tradutores queriam, com razão, enfatizar que não se tratava de uma oposição fisiológica. De fato, a partir do contexto, é explícito que se trata de um problema sapiencial e não de morfologia.

Na tradição espiritual, distinguimos esses dois olhos da sabedoria com dois nomes significativos: *inspirações* e *sugestões*.

O palco de nossa consciência tem vários atores, e o que vamos abordar é uma questão crucial. É a orientação dentro da floresta de nossos pensamentos e sentimentos, um lugar onde objetos mentais são formulados e reações sentimentais voltam às intenções, e então acabamos fazendo obras de arte ou porcarias, atos fraternos ou violência, com todas as nuanças possíveis.

Há uma palavra que merece ser tematizada ao entrarmos nesse assunto. São Paulo, na Carta aos Romanos, faz uma descrição trágica:

> E, por haverem desprezado o conhecimento de Deus, o próprio Deus os entregou a uma disposição mental reprovável, para praticarem coisas inconvenientes... (Rm 1,28).

Ele está falando de um mundo corrompido, degenerado e violento, sem limites. E ele diz que é impulsionado pela *inteligência depravada*. Em grego, a princípio, a palavra significa literalmente *não examinada, não testada, não verificada*. De fato, trata-se de um jogo de palavras de Paulo: eles não consideraram verificar bem seu conhecimento de Deus, e Deus lhes dá a uma inteligência não verificada. Ele usa o mesmo verbo no primeiro como no segundo caso, mas no segundo ele coloca um *alfa privativo*. Eles deveriam pesar bem, pois então iriam para o caldo daquilo que não é bem sopesado.

Acreditamos que nossos erros sejam o resultado de movimentos internos errados. As coisas não são exatamente assim: nossos erros são certamente o resultado de dinâmicas internas descompassadas, mas eles habitam nosso teatro interior porque não há aduanas em nossa fronteira mental, nós dispensamos o porteiro e todos entram em nosso edifício mental, quem passa pode ficar nas profundezas de nossas decisões. O primeiro a chegar abre a boca e ninguém lhe pede seus documentos.

Por quê? Existe uma diferença de qualidade entre nossos pensamentos? Até mesmo a mera percepção disso seria suficiente para dar um primeiro salto qualitativo.

Uma coisa deve ser considerada: Como Deus me reconstrói, como Ele me salva? Como isso funciona na minha vida? Há as coisas que me rodeiam, os fatos da minha história, o dom das Escrituras, a sabedoria que os cristãos anteriores a nós nos transmitiram, o cuidado em diferentes níveis que podemos encontrar nos cristãos de hoje, ou aquele corpo orgânico que é a Igreja, a força dos sacramentos, a arte cristã e as pessoas que nos amam, e... uma lista interminável de nobres meios significa que Deus Pai, vendo como somos combinados, pode nos oferecer metralhadoras de generosidade. Mas, se não abrirmos a porta lá por dentro, todos esses meios permanecerão do lado de fora. E escaparão de nós.

De nada servirão esses dons se você não os acolher. E então Deus os deve propor ao meu coração, à minha consciência. E Ele tem seu estilo. Mas não é somente Ele que fala. Ao meu redor há outras instâncias, outras propostas, outros incitamentos que não falam apenas do lado de fora. Eles entram, correm, me impressionam, me congestionam.

Depois que nos machucamos ou ferimos alguém, é sensato fazer perguntas como: *Mas de onde veio toda essa confusão? Por que eu saí da linha e nem percebi? Quando esse desastre começou? De onde veio esse absurdo?* Isso comportaria um processo de sabedoria.

Alguém pode pensar: Então todo mundo deve procurar um psicólogo? E eis que agora eu perco duas páginas deste livro em esclarecimentos...? Socorro!

Ir ao especialista de psicodinâmica pode ser útil, ou mesmo necessário. Eu sou um provedor generoso de clientes para psicoterapeutas e afins, eles deveriam me dar um prêmio pelo que faço em prol de sua categoria. Mas este não é o campo do nosso discurso, que é muito diferente. Muitas vezes temos de lidar com o trágico esquecimento de nossa riqueza espiritual – enquanto milhares de vezes eu vi que, se um especialista em psicodinâmica tem contato com tamanha riqueza, ele a aprecia entusiasticamente. Nós, cristãos, temos certas peças em nosso arsenal para empalidecer qualquer preparação heterogênea. E, em vez disso, somos nós que empalidecemos, fundamentalmente pelo desleixo.

Há até mesmo coisas que você precisa procurar por si mesmo, se você é um jovem sacerdote, porque na *ratio studiorum* elas não aparecem; estão entre aquelas de que você precisa mais para ajudar as pessoas, os casamentos, os jovens. Há quem tente remediar isso com um aprendizado de psicanálise – casos raros, na verdade. Geralmente os padres distinguem os dois campos de competência e preparam-se para o que a Providência lhes confia, reconhecendo as diferentes competências. Eles dão a César o que é de César e a Deus o que é de Deus. Se um menino quebra a perna na paróquia, eu o levo para a sala de emergência, e não ao Santíssimo Sacramento.

## As fontes dos pensamentos

Na realidade, o nosso âmbito é mais oculto e, ao mesmo tempo, mais simples. Não consiste na mecânica do pensamento, mas na sua fonte.

A questão é, portanto: Onde começou minha desordem? Onde se iniciou a dinâmica que despedaçou minha vida?

O Livro do Eclesiástico diz:

> Princípio de toda obra é a palavra, e toda ação é precedida de reflexão. A raiz das decisões é o coração e dele brotam quatro alternativas: o bem e o mal, a vida e a morte; mas quem decide constantemente sobre elas é a língua (Eclo 37,16-17).

Há uma palavra por trás de todos os meus atos. Se eu cavoucar bem, sob as coisas que fiz de errado, encontrarei uma "*língua*" que lampejou em minha mente. Um pensamento obscuro que eu não joguei fora. Aquela coisa – que seguia sua própria *linguagem*, tinha seu próprio jeito de falar – em um dado momento eu a assimilava conversando com seu idioma dentro de mim. E, lentamente, aconteceu; tornou-se a chave para a leitura das coisas, foi estabelecida como uma convicção e se tornou minha linguagem interior. E isso arruinou minha vida.

Na estação há uma multidão de crianças, esposas, maridos, irmãos esperando o trem que traz de volta os desiludidos. Muitas vezes não há aqueles que você espera ver voltando de sua decepção. Eles não pegam o trem de volta para aqueles que abandonaram, feriram, traíram, desapontaram e não sabem que é uma alegria indescritível ver alguém que, como dizem, se arrepende.

A arrepender-se. Isso significa voltar a ver, ver de novo. Uma re-visão que deve ocorrer porque outra *palavra* finalmente encontrou uma audiência dentro de você. E você a acolheu. De primeiro ela lhe dava um pouco de dor, o desafiava, mas depois você começou a entender sua *linguagem* e ela começou a fazer você respirar, a devolver-lhe o cérebro e o coração, a dar-lhe um novo ritmo. E agora você está melhor.

Resumindo: as bagunças interiores começam com um pensamento, as reconstruções se iniciam também com um pensamento.

E você vai me dizer: "Diga o que caracteriza tais pensamentos, assim evito os destrutivos e adoto os construtivos!

Exato, é justamente para isso que estamos aqui.

Já os mencionamos: os pensamentos que destroem são chamados de *sugestões*, os que se reconstroem são chamados de *inspirações*. São tão diferentes uns dos outros. Mas precisamos decidir recontratar o porteiro do edifício para agir como um filtro; caso contrário, as sugestões entram sem serem anunciadas, e, em geral, elas vencem as inspirações.

E por que isso acontece? Porque são diferentes, e sua natureza heterogênea estabelece que a simplicidade pacífica das inspirações se opõe à belicosidade tortuosa e enganosa das sugestões. Coloque-as para competir por uma vaga de estacionamento e você verá quem ganha. De fato, a paz perde a vaga em silêncio. Porque ela sabe que é melhor perder a vaga do que a paz. Chame-a de estúpida...

Será vantajoso neste ponto compreender as duas linguagens, as estratégias e as maneiras pelas quais essas duas instâncias se apresentam em nosso mundo interior.

A autoria dessas duas luzes não deve ser silenciada: do lado das inspirações, se são verdadeiras, não há dúvida de que existe o Espírito Santo. E do lado das sugestões? Quem é o pai do engano?

Jesus, em um dos mais amargos confrontos com seus ouvintes que não gostaram de seus discursos, chega a dizer:

> Vós sois do diabo, que é vosso pai, e quereis satisfazer-lhe os desejos. Ele foi homicida desde o princípio e jamais se firmou na verdade, porque nele não há verdade. Quando ele profere mentira, fala do que lhe é próprio, porque é mentiroso e pai da mentira (Jo 8,44).

Não adianta enrolar: o mal tem paternidade, tem uma fonte. E não deve ser reduzido à maldade humana, porque é saudável reconhecer que existe um *mysterium iniquitatis*, algo inexplicável. O mal que os homens fizeram na história revelou-se desumano, monstruoso, superior à soma dos males humanos: o mal desencadeia algo que vai além do humano. O mal *toma* o homem e leva-o a uma dimensão que não é a sua verdade. Quando um homem se arrepende, é dito que *volta a si mesmo*. Isso é autêntico. O mal não é a nossa verdade. Sou eu mesmo quando amo; mas quando odeio sou enganado. Quando me acalmo, quando me retiro, quando reconstruo, é o momento em que sou verdadeiro. Em italiano, usa-se a palavra "*cativo*" [ruim] para indicar a maldade de alguém. Etimologicamente, tal palavra se liga a *cativeiro*, à condição de estar preso em uma rede. O mal ético e existencial, operado pelo homem, é sempre um engano.

O erro de demonizar o homem é grosseiro: o homem é homem e o demônio é o demônio. Se você os confundir e não respeitar a diferença, você pode autorizar vários tipos de limpeza étnica. E o demônio terá enganado você com o próprio ato de demonizar. Toda vez que, formados pelo divino ensinamento de Jesus, ousamos chamar Deus de nosso Pai, pedimos para ser ajudados na batalha do engano, ou contra as tentações, e libertados do maligno. Porque ele sabe nos enlaçar e nos escravizar por meio de suas seduções.

Mas não existe apenas essa influência negativa!

Existe a generosidade do Pai da luz, que é bem diferente! Há o Senhor Jesus que intercede por nós no céu para sermos visitados pelo Espírito Santo! Isso é muito mais importante.

Nunca se concentre apenas no mal, permaneça sempre mais atento ao bem; o mal na verdade tem duas técnicas principais, opostas, para nos enganar: ou ele se esconde e entra como qualquer outro, ou nos atrai a não pensar em nada além dele, nos assustando. Seja como for, seja no falso bem ou na obsessão pelo mal, ele mantém a cabeça longe do verdadeiro bem. E, portanto, é vital permanecer o máximo possível com a cabeça nas coisas boas, como diz São Paulo:

> Finalmente, irmãos, tudo o que é verdadeiro, tudo o que é respeitável, tudo o que é justo, tudo o que é puro, tudo o que é amável, tudo o que é de boa fama, se alguma virtude há e se algum louvor existe, seja isso o que ocupe o vosso pensamento (Fl 4,8).

O objeto de nossos pensamentos não pode ser algo desprezível, injusto, impuro, odioso, desonroso, viciado e impróprio. Caso não se trate de algo passageiro; quando alguém percebe que está afundado em raiva e amargura, deve-se aprender a registrar o fato como um espião: ele está me enganando, estou lidando demais com ele.

E ainda assim, de alguma forma precisamos comparar a obra do Espírito Santo e o trabalho do inimigo sempre tendo em mente que eles não são especulares, não são simétricos. Eles são completamente diferentes uns dos outros. O Criador é Deus, e seu Espírito "choca" as águas de todo começo e é o Senhor; Ele, por natureza, dá vida, deixa viver.

O inimigo não sabe como dar a sua vida, ele só sabe oprimir, mas é astuto, e de ofício macaqueia a obra de Deus, porque é invejoso e competitivo. É uma luz que é escuridão. Portanto, ou fomenta pensamentos destrutivos ou desvia a atenção do bem real para o hipotético e, em todo caso, oprime o bem possível, lançando-se no pindárico.

E assim pensa-se na casa em que o presente habitará e viverá.

Em vez disso, o Espírito Santo choca o presente, embora caótico, como o ventre do bem. Com o Espírito Santo, olha-se para o potencial das coisas e se começa a valorizá-las; com o maligno as pessoas se tornam ou obcecadas com uma ideia e não com a realidade, ou, mais frequentemente, tendem a jogar tudo fora.

Mas como faço para lidar com essas questões sem citar Clive Staples Lewis e as imprescindíveis *Cartas de um diabo a seu aprendiz*? Para aqueles que não estão familiarizados com ele, Lewis escreve brilhantemente uma série de cartas de um tio diabo a seu sobrinho diabo que está aprendendo a tentar os homens. Em sua linguagem, tudo é invertido, e o "*Inimigo*" é o Pai celestial. Leiamos uma passagem:

> Os humanos vivem no tempo, mas o nosso Inimigo destinou-lhes à eternidade. Acredito, portanto, que Ele quer que se preocupem basicamente com duas coisas: a eternidade em si e aquele ponto do tempo que eles

chamam de presente. Pois o presente é o ponto no qual o tempo toca a eternidade. Apenas com o momento presente os humanos têm uma experiência análoga àquela que o nosso Inimigo tem da realidade como um todo; somente nele eles possuem a liberdade e a realidade. Assim, Ele os deixa constantemente preocupados ou com a eternidade (o que significa preocupar-se com Ele) ou com o presente – quer meditando sobre a eterna união com Ele, ou separação dele, quer obedecendo à atual voz da consciência, carregando a cruz atual, recebendo a graça atual e dando graças pelo prazer atual. Nossa meta é afastá-los do eterno e do presente[28].

E Fitafuso [o tio diabo] continua explicando que acima de tudo o futuro, que é o trecho de estrada entre o presente e a eternidade, por sua natureza absolutamente imaterial, é a coisa em que a tentação deve concentrar o homem, para que não se viva, se torture em hipóteses[29].

Em toda Ave-Maria esta sabedoria nos vem: *agora e na hora da nossa morte*. As duas únicas coisas certas: hoje nós existimos e um dia nós cruzaremos o limiar da eternidade. No meio há algo a ser entregue e acolhido, mas que não deve ser tateado ou manipulado nem nada. Especialmente porque seria uma alienação.

Diga-se: a leitura de Lewis e do epistolário pseudodemoníaco é um dos presentes que você precisa se conceder. É uma daquelas

---

28 LEWIS, C.S. *Cartas de um diabo a seu aprendiz*. 2. ed. São Paulo: WMF/Martins Fontes, 2009, p. 73-74.

29 Na mesma página da obra de C.S. Lewis, uma pérola: "o futuro é, de todas as coisas, aquela que menos se assemelha à eternidade. É a parte mais totalmente temporal do tempo – pois o passado está congelado, não flui mais, e o presente está eternamente iluminado. É por isso que damos o nosso apoio a maquinações racionais como a evolução criativa, o humanismo científico ou o comunismo, os quais fazem com que os homens se apeguem ao futuro, ao próprio âmago da temporalidade. Desse modo, todas as falhas humanas têm suas raízes no futuro. A gratidão tem os olhos no passado e o amor no presente; o medo, a avareza, a luxúria e a ambição têm os olhos no futuro" (Ibid., p. 74) [N.T.].

leituras que fazem as pessoas mudarem de perspectiva e que iluminam beneficamente.

## Sintaxe, linguagens, idiomas

Entremos melhor nos detalhes: o Espírito Santo me salva, dissemos, com uma espécie de movimento interior chamado *inspiração*.

Inspiração, do latim *in spirare* significa *soprar dentro*, é uma coisa que flui na zona oculta da consciência, no limite da fonte do ego nobre. Esse lugar é chamado pela Escritura de "coração", mas também de "espírito", e é a parte mais profunda, o centro do ser humano, onde o Espírito Santo ordinariamente age com todas as pessoas da terra. Santo Agostinho usou a expressão *intimior intimo meo* [mais íntimo a mim do que eu mesmo]. No entanto, ele a experimenta como um contato consigo mesmo na autenticidade total. Tem suas características específicas, que veremos daqui a pouco.

Na tradição espiritual cristã, a *sugestão* é oposta à *inspiração*. Estamos acostumados a pensar em uma sugestão como uma coisa boa – e no uso normal esse é um termo aceitável –, mas a palavra vem do latim *sub gerere* e não tem um sentido positivo. O "gerente" é aquele que gerencia e *sub gerere* significa estar sob a administração de outro. Na verdade corresponde a uma manipulação. Coisa perigosa.

O prefixo dos dois termos deve ser notado: o Espírito Santo usa "*in*" e é algo abaixo e abaixo, e sopra, enquanto o trabalho do pai da mentira usa "*sub*" que implica um movimento, que cria submissão, orientado para gerenciar, para assumir a liderança.

Mas quais são as características essenciais dessas duas linguagens?

A inspiração vem do Espírito Santo, e sua lógica é o amor, pois Ele propõe, mas não impõe, porque o amor implica liberdade. Seguir uma indicação sem o consentimento livre de alguém não pode ser um ato de amor, porque é despersonalizante. Se uma mulher chantageia seu marido e faz com que ele se comporte como quer, então o que está acontecendo não é muito satisfatório... ninguém ama por ameaça. É por isso que o Espírito Santo nunca força ninguém, porque o que é obtido por meio da compulsão é inútil.

Isso deve ser repetido: o forçar, na vida interior, na dinâmica espiritual, no crescimento do amor, não serve a nenhum propósito. Assim que a ameaça termina, retorna-se, pela lógica elástica, à forma anterior. Se eu não tomar posse do que tenho a fazer, se isso continuar a ser alheio a mim, então vou fazê-lo prendendo a respiração e perderei o fôlego o quanto antes.

O Espírito Santo não é apenas delicadeza e doçura, mas é também a mais aguda sabedoria, e não passa pelas pessoas como um rolo compressor não só porque não seria amor, mas também porque não seria sábio. Na verdade, é simplesmente inútil. Os moralismos não são apenas feios: são sobretudo inúteis.

Jamais esquecerei a espontaneidade de Enrico Petrillo, viúvo de Chiara Corbella, já citado no início, que disse a um sujeito que durante uma reunião nos perguntou como reconhecemos que era Deus a falar conosco, ele respondeu rápido: "pelo fato de você poder dizer não". É isso mesmo.

Podemos dizer não ao Espírito Santo. Caso contrário, estaríamos lidando com um ditador. E isso não nos levaria ao Reino dos Céus, mas a algum campo de concentração.

Isso não significa que as inspirações sejam melífluas, aéreas, sem graça. Muito pelo contrário. Mas se por um lado há a compulsão, por outro há também a energia do bem. Essa energia sabe como ser poderosa. Mas sempre deixando-nos na liberdade.

Há pensamentos que propõem um bem ao meu coração, e de repente eu intuo uma coisa boa à qual eu possa me abrir, eu vejo dentro de mim um exemplo que me instrui em direção a algo positivo e essa coisa me deixa completamente livre. Eu sinto uma luta interior porque eu entendo que a abertura àquela coisa significa aceitar uma mudança, aceitar uma posição de generosidade que implicará perdas, mas eu permaneço perfeitamente livre, eu posso dizer não e ainda assim é forte dentro de mim e eu sinto isso profundamente verdadeiro. O Espírito Santo não precisa usar do verbo "dever", mas sim abre possibilidades, Ele nos fala de acordo com outro verbo, o "poder". Não: "você tem que fazer isso!" Mas: "você pode fazer isso..."

A sugestão, por sua vez, tem uma lógica que é fundamentalmente instruída por um medo, muitas vezes falso, e em virtude dessa coação, ela se desvia, força. É amalgamada com urgência. Eu sou agredido internamente em uma direção, e meu movimento interior se apresenta como algo que é obrigatório mesmo que fale de coisas espirituais e santas, mas eu desapareço, eu não sou mais uma pessoa, mas um soldado. Na verdade, geralmente ela se entrelaça com o sentimento de culpa e muitas vezes pode criptografar uma pretensão sobre si mesmo, escondendo o tipo de orgulho que está embarcando em coisas que não são realmente minhas.

Por causa de uma sugestão afirma-se o que se pensa de maneira agressiva, tensa, temerosa, ansiosa, enquanto sob inspiração se comunica com tranquilidade, e isso pelo fato que alguém intua o que faz como uma coisa límpida.

De fato, a sugestão é normalmente uma espécie de insinuação interna que eu sofro com o desejo de fazer alguma coisa, mas se alguém me pede para justificar o que eu decidi, explico de uma maneira complicada e tortuosa, não tenho uma resposta linear, um discurso que nunca termina e costumo fazer voltas complicadas para justificar minhas ações, tento convencer aqueles que me ouvem e acabo dizendo coisas como: você não consegue me entender, só eu consigo.

Quando, por outro lado, uma intuição vem do Espírito Santo, se me perguntam por que eu ajo, tenho uma resposta simples, calma e serena, não tenho o problema de convencer o outro, estou bem convencido e por isso estou sereno acerca do que digo, eu acredito que seja a coisa certa e eu não tenho muito para articular, a coisa flui bem.

Quando algo vem do inimigo, sendo uma sugestão, devo convencer o outro, fico frustrado e com raiva se ele não me dá razão já que nem eu mesmo estou convencido. Interiormente, sinto que algo é forçado.

As razões das inspirações do Espírito Santo são lineares, enquanto nas sugestões do maligno são verborrágicas e normalmente se desviam de certas evidências simples de patentes. Ou seja, enquanto no primeiro caso estamos falando de uma luz que ilumina, no segundo falamos de fixações, onde alguns aspectos da realidade desaparecem de modo que se acaba por rebaixar o raciocínio diante da necessidade de chegar a uma coisa, porque na realidade essa coisa já foi escolhida *a priori*.

Na inspiração do Espírito Santo, os atos nessa luz solar podem ser grandes, até mesmo extraordinários, mas são, na verdade, consequentes, não trabalham, forçam a barra; assim se está na realidade. Em vez disso, as sugestões do maligno falam de bens hipotéticos que ainda não foram atingidos e são incertos, colocando em risco um bem real, objetivo, já presente, mas menos óbvio, que é considerado insignificante – enquanto a tentação tem o propósito de nos fazer perder esse bem.

O maligno frequentemente fala por meio dos raciocínios complicados, em que basta entender as coisas de outro ponto de vista e para que não se justifiquem mais. Uma coisa típica sobre as inspirações é que elas resistem com o tempo: no dia seguinte elas sempre aparecem brilhantes e no dia seguinte, e de novo e de novo – é porque elas carregam um pouco de eternidade em si. Em vez disso, as sugestões, se reexaminadas, revelam a cada dia a sua tendência a desmoronar, a perder sua força e tornar-se injustificável. De fato, em geral, mudam constantemente a motivação, elas não são constantes em sua dinâmica.

Enquanto as inspirações são simples, mas globais, as sugestões são a absolutização cíclica deste ou daquele aspecto, a supervalorização aleatória de uma parte da realidade a cada vez.

O pensamento instruído pelo Espírito Santo tem sua própria evidência, é "*luz para governar o dia*", isto é, é claro, simples e honesto. Ninguém se envergonha de um pensamento provindo do Espírito.

Mas o movimento lógico movido pela sugestão preserva algo oculto, tem uma parte não representável, é a luz noturna, se move nas sombras, mantém sua estratégia oculta ou pelo menos tende a fazer as pessoas fazerem coisas que não gostariam de dizer abertamente.

Se, de fato, aparecem essa reticência, esse falar relutante sobre o que realmente queremos fazer, esse hábito de não expressar as próprias intenções, esse fazer coisas escondidas pelo menos em parte, então certamente não é a verdade que nos guia.

> Pois todo aquele que pratica o mal aborrece a luz e não se chega para a luz, a fim de não serem arguidas as suas obras. Quem pratica a verdade aproxima-se da luz, a fim de que as suas obras sejam manifestas, porque feitas em Deus (Jo 3,20-21).

Quem segue uma sugestão não gosta da ideia de se confrontar com um pensamento crítico, com alguém que possa contradizê-lo, e procura aqueles que concordam com ele, aqueles que não o questionam. E se for forçado a se revelar, mostrará uma atitude agressiva e arrogante, que tende a silenciar o outro.

Muitas vezes, essa atitude revela que estamos seguindo um engano: o fato de que temos medo de nos confrontar.

É impressionante quão refinado é o discurso feito por Deus a Caim que está incubando o assassinato de seu irmão, por não ter questionado sua oferta medíocre[30]:

> Então, lhe disse o Senhor: Por que andas irado, e por que descaiu o teu semblante? Se procederes bem, não é certo que serás aceito? Se, todavia, procederes mal, eis que o pecado jaz à porta; o seu desejo será contra ti, mas a ti cumpre dominá-lo (Gn 4,6-7).

Mantém o semblante altivo aquele que tem a luz em seu coração; mas aquele que incuba uma distorção não tem uma postura existencial ereta, ele não olha nos olhos, está inclinado sobre si mesmo, mas acima de tudo ele tem pecado à sua porta. Incubar uma reviravolta é a premissa de toda tragédia. Nós não viemos do nada para realizar atos perversos, violentos e destrutivos: há um pensamento obscuro latente, deixado em *standby*, não removido, que em um dado momento assume o controle e nos domina.

## Linhas e curvas

Podemos entender como as duas instâncias do Espírito Santo e pai da mentira se movem dentro de nós também de acordo com um esquema espacial, dado que são, justamente, dois movimentos.

A sugestão é movida por absolutizações inconscientes, e segue a lógica do maligno, que por acaso é chamado *dia-bolos*, palavra composta em duas partes que se assemelha aos termos contra-posto, ad-versário, aquele que contrapõe, que divide as coisas colocando-as

---

[30] Não há espaço aqui para analisar as duas ofertas de Caim e Abel de Gn 4,3-4, mas os detalhes do texto indicam que o autor mostra Caim em uma relação com Deus de acordo com uma oferta genérica que cheira a apressada e impessoal – "fruto da terra" – enquanto ele descreve Abel como um que coloca o melhor de si – "as primícias do seu rebanho e da gordura deste" – especificando com os detalhes típicos das oferendas rituais mais nobres (cf. Lv. 3,12-16 ou Nm 18,17 como exemplos entre muitos outros).

em lados opostos. Podemos representar o impulso sugestivo como uma elipse: na verdade, a típica dupla e ambígua lógica da mentira geralmente tem dois focos, como acontece com uma trajetória elíptica. Os dois focos são duas instâncias contraditórias em que um começa a se transformar, de um para outro, em uma repetição obsessiva cíclica. Em geral, uma instância será a superestimação de um medo; a outra, sua subestimação – tudo sempre quase que inconscientemente, mesmo que em última análise, nunca completamente.

Vejamos exemplos: uma sugestão pode ocorrer com base no medo de ser rejeitado. Tenho medo de ser evitado, ignorado, descartado, não admitido, embora eu não possa admitir isso, não racionalizo. Mas eu começo a seguir as estratégias para ser aprovado, e eu digo as coisas que os outros querem ouvir, eu faço o que me dá "audiência", fico na posição que os outros gostam e me aplaino nesse medo, na ilusão de encontrar então uma fuga da minha solidão.

Mas isso é uma absolutização e, portanto, não leva em conta todos os aspectos da realidade. Na verdade, uma vez aprovado, começo a me sentir desconfortável, começo a ver os custos daquele sacrifício para o deus "audiência", e mais cedo ou mais tarde eu procuro o culpado do meu mal-estar, e acabo me culpando, e ainda mais me sinto vítima da aprovação dos outros, porque o outro medo começou: o de não fazer o que eu quero, de ser forçado, meu ego reivindica sua ditadura e então eu começo a me tornar um partidário contra o despotismo da opinião dos outros. Assim, com um processo que tem diferentes tipos de velocidade, coloco em ação rebeliões e rupturas em relação àqueles que antes eu obedecia humildemente e desequilibro desordenadamente minha dependência, afirmando minha autonomia e correndo em direção ao outro foco da elipse.

Nesse ponto, evidentemente, a autoafirmação se demonstrará, após a primeira realização libertadora, como uma condição insatisfatória: estou sozinho, sinto-me excluído, preciso de confirmação, alguém deve me reconhecer. E se desencadeia outro medo. E eu me viro para o outro foco, eu chego lá, e então eu sofro e volto, e de volta aqui, estou doente e volto. E viajo na rotação elíptica sem interrupção.

Tomamos dois medos típicos, podemos encontrar outros pares de medos, mas deve-se notar que esse movimento contraditório e diabólico pode ocorrer em uma velocidade embaraçosa e, no mesmo discurso, uma pessoa pode fazer a rotação ainda mais vezes. Mas também pode ser muito lento, com oscilações que levam fases de anos, períodos sob a influência de sugestões opostas.

Na linguagem típica do *ad-versarius* – observando que em hebraico adversário é expresso pelo termo "*satanás*" que em si significa *acusador* – os dois polos fundamentais da elipse são a adulação e a acusação. A diminuição constante de si mesmo, ou a complacência vitimadora do ego de alguém. Absolutizações. Lógicas parciais.

No outro caso, o contorno espacial das inspirações pode ser deduzido pela análise de sua atividade – diferente, mas não simétrica: se o maligno acusa e lisonjeia, o Espírito Santo consola e corrige. Tomemos dois exemplos: se eu fizer algo estúpido – o que não é raro – o maligno me acusará, desencadeando o mecanismo autodestrutivo e cego, como um trilho cego, levando-me ao desespero ou à remoção. Em vez disso, o Espírito me corrigirá, isso me ajudará a reconhecer o erro cometido, mas, na verdade, Ele me "segurará", me colocará de volta aos trilhos. Ele vai me dizer como não repetir a mesma estupidez. Eu me deixo corrigir, ando melhor, aprendo. A acusação tende à esterilidade; a correção, à construtividade.

Exemplo inverso: se alguém me magoa, me lisonjeia, me vitimiza e me repete frases internas como: "Justo você?! Mas como é possível?! Você não merece isso!" Com vários tipos de reivindicações e reclamações do mal recebido, isso me incorpora à instância da execução e traz meus pensamentos de volta ao fato e me leva a reiterar sua rejeição. E fico parado no ocorrido, dramatizando-o.

Por outro lado, a inspiração vai me consolar, me convidar para entrar em um relacionamento com o Pai sobre esse fato, Ele vai ficar comigo e vai me dizer: "Eu estou aqui, não desista, nesse fato você pode me conhecer". E Ele me ajudará a caminhar, até mesmo a valorizar o que aconteceu e tentar crescer com a tribulação.

Em resumo: enquanto o movimento das sugestões é elíptico, cíclico e repetitivo, geralmente centrado na recusa da cruz, o movimento de inspirações é linear, construtivo, nos convida a crescer. Em uma palavra: é um movimento pascal. Vai mais longe.

A elipse sugestionada se fecha na solidão da obsessão dos medos, a inspirada linha pascal se abre para o além e para o relacionamento.

Se Jesus prospecta a cruz, Pedro reage de acordo com a sugestão:

> Desde esse tempo, começou Jesus Cristo a mostrar a seus discípulos que lhe era necessário seguir para Jerusalém e sofrer muitas coisas dos anciãos, dos principais sacerdotes e dos escribas, ser morto e ressuscitado no terceiro dia. E Pedro, chamando-o à parte, começou a reprová-lo, dizendo: Deus te livre, Senhor; isso de modo algum te acontecerá (Mt 16,21-22).

"*Deus te livre, Senhor.*" Segundo o sistema religioso de Pedro, Deus serve para evitar obstáculos, Deus nos preservaria destes porque os obstáculos são coisas que não devem acontecer.

Jesus revelou que Jesus não é o autor desse pensamento:

> Mas Jesus, voltando-se, disse a Pedro: Arreda, satanás! Tu és para mim pedra de tropeço, porque não cogitas das coisas de Deus, e sim das dos homens (Mt 16,23).

"Tu és para mim pedra de tropeço", Pedro é *obstáculo*. Ou seja: "Tu não me deixas ir mais longe, não me deixas alcançar o objetivo".

De fato, quando Jesus enfrenta a cruz, Ele tem outra atitude, que podemos ver, entre tantos outros, em uma passagem do Evangelho de João:

> Ora, antes da Festa da Páscoa, sabendo Jesus que era chegada a sua hora de passar deste mundo para o Pai, tendo amado os seus que estavam no mundo, amou-os até ao fim (Jo 13,1).

Passar para o Pai como a chave para a cruz que se aproxima e tender para o fim, a fazer as coisas até o fim, e não perdendo o amor como horizonte dos fatos.

As inspirações tendem ao objetivo, ao amor, ao Pai celestial.

Em suma: se você deve recomeçar, as sugestões são muito prejudiciais. As inspirações são o fulcro de um reinício claro e bonito. Alguns novos começos são falsos porque são baseados em justificação e raiva, e embora pareçam uma nova fase, na verdade são o próximo capítulo de uma velha fase. Aqui está o perigo: deixar de recomeçar e somente repetir.

## Pontos de verificação

Vamos tentar descrever um exercício para nos orientarmos nesse reconhecimento interior que o quarto dia nos oferece. Há que se dizer: os conselhos dados neste livro são para aqueles que estão começando, fala-se de uma fase de impostação, e eles não são nada além do primeiro passo. Eles não são de todo originais, fazem parte da tradição comum e devem ser usados comumente. Mas eles são essenciais e úteis em todos os níveis.

Inicialmente, é altamente recomendável praticar a *verificação dos pensamentos*. Como fazer isso?

A resposta está oculta na pergunta: para verificar os pensamentos, é preciso verificar os pensamentos. Mas isso não soa idiota?

Não, ou pelo menos não nesse aspecto. O ponto é que interrogar os pensamentos, na espiritualidade, é uma técnica que por si só já tem sua eficácia.

Deixe-me dar um exemplo: se na rua do centro de Roma, onde por enquanto a Igreja me colocou, a polícia estabelecer um lugar para verificar os documentos e controlar as pessoas, verei pela janela que há pessoas que, tão logo percebam a abordagem policial, darão meia-volta. No mínimo não querem ser abordadas, ou têm algum problema. Essas pessoas não me dizem exatamente o que acontece, mas posso suspeitar de que algo não esteja correto. Em vez disso, as pessoas que estão quites com suas obrigações continuarão a caminhar e, se pararem, mostrarão os documentos sem problemas.

Se eu colocar uma aduana, por exemplo, um porteiro do edifício que é a minha consciência, como já disse, já neste nível muitas sugestões serão removidas ou identificadas.

Que perguntas devo fazer aos meus pensamentos? Santo Inácio, entre a miríade de coisas absolutamente extraordinárias que nos entrega em seus *Exercícios*, diz, usando a distinção entre *anjo bom* e *anjo mau*:

> Devemos estar muito atentos ao decurso dos pensamentos. Se o princípio, meio e fim são inteiramente bons, inclinando a todo bem, é sinal do bom anjo. Mas se o decurso dos pensamentos que traz acaba nalguma coisa má, ou distrativa, ou menos boa do que aquela que a alma antes propusera fazer, ou a enfraquece, ou inquieta, ou perturba, tirando-lhe a sua paz, tranquilidade e quietude que antes tinha, é claro sinal que procede do mau espírito, inimigo do nosso proveito e salvação eterna[31].

Aqui estão as principais questões: De onde nasce, que meios escolhe e, acima de tudo, onde esse pensamento me leva?

---
31 SANTO INÁCIO DE LOYOLA. *Exercícios espirituais*. Braga: Apostolado da Imprensa, 1998, n. 333.

Atenção: na primeira análise é melhor pôr de lado o conteúdo do pensamento por si mesmo, e ser mais cuidadosos na forma como ele se move, de onde vem e para onde vai.

Muitas vezes, ajudando as pessoas em seu discernimento, passei algum tempo pedindo-lhes que me dissessem em que ocasião essa ideia chegou a elas . A circunstância e análise das percepções originais de um pensamento podem ser muito esclarecedoras. Dado que todos os objetos mentais nascem das percepções, faça perguntas sobre os diferentes sentidos – como: Mas eu realmente vi isso ou fiz um drama? Ouvi esta notícia com meus próprios ouvidos ou simplesmente ouvi dizer? Há alguma manipulação a montante desta coisa que veio à minha cabeça?

E ainda: Eu estava livre ou sob pressão quando essa linha mental começou? Já o fato de que algo pulsa em mim, se impõe, me força a pensar nisso, levanta a suspeita de que se trata de algo não confiável.

Repitamos: o Espírito jorra do mais profundo, enquanto a mentira é algo que se impõe.

Portanto, o modo de se mover é revelador da própria substância dos pensamentos, enquanto tendemos a partir do conteúdo.

Mas, em segundo lugar, o conteúdo certamente precisa ser analisado. Se algo implica ou leva a algo explicitamente fora do amor, fora da sabedoria cristã, fora dos mandamentos de Deus, há pouco a fazer: é um engano. O mal nunca é o caminho do bem. Sob nenhuma circunstância. Isso é forte, não é? Uma verdade utilíssima. E vamos ler uma passagem do *Catecismo*, para sair da areia movediça do relativismo:

> O ato moralmente bom pressupõe, em simultâneo, a bondade do objeto, da finalidade e das circunstâncias. Um fim mau corrompe a ação, mesmo que o seu objeto seja bom em si (como orar e jejuar "para ser visto pelos homens"). O objeto da escolha pode, por si só,

> viciar todo um modo de agir. Há comportamentos concretos – como a fornicação – cuja escolha é sempre um erro, porque comporta uma desordem da vontade, isto é, um mal moral. É, portanto, errôneo julgar a moralidade dos atos humanos tendo em conta apenas a intenção que os inspira, ou as circunstâncias (meio, pressão social, constrangimento ou necessidade de agir etc.) que os enquadram. Há atos que, por si e em si mesmos, independentemente das circunstâncias e das intenções, são sempre gravemente ilícitos em razão do seu objeto; por exemplo, a blasfêmia e o jurar falso, o homicídio e o adultério. Não é permitido fazer o mal para que dele resulte um bem (CIC 1755-1756).

Uma sugestão tenderá a justificar o mal como necessário, como não prejudicial. Vamos lembrar como fala o senhor mentira:

> ...do fruto da árvore que está no meio do jardim, disse Deus: Dele não comereis, nem tocareis nele, para que não morrais. Então, a serpente disse à mulher: É certo que não morrereis. Porque Deus sabe que no dia em que dele comerdes se vos abrirão os olhos e, como Deus, sereis conhecedores do bem e do mal (Gn 3,3-5).

A nutricionista dos meus sonhos: "Doces não engordam". O mal não faz mal.

Mentir constrói, trair faz bem para o relacionamento, não falar claramente salva as relações, assustar educa, falando pelas costas é útil, manipular informações cria confiança, roubar é necessário, atacar aumenta a autoestima, não rezar é irrelevante, a desonestidade não tem consequências., o favoritismo ajuda a comunidade, as violações são boas, as prevaricações fazem as coisas melhorarem e a violência é útil.

Em outras palavras: saltar sob um trem é saudável.

Sim, pela primeira e última vez.

Há os adoradores do "*às vezes é necessário*", mas que eu não consideraria mestres do amor. E, se o amor é a única coisa pela qual vale a pena viver, como justificar tal atitude?

Se escaneio os pensamentos, então eu me pergunto se estou usando ou tolerando o mal como um meio; e eis que aparecem vários truques.

Não há ambiguidade: um pecado não pode ser o caminho para reconstruir qualquer coisa.

E então? E então, como já vi, procuro verificar se estou disposto a me confrontar com o que estou pensando: mas não com aquele tipo de amigo *yes-man*, o companheirão, mas com um guia, ou com uma pessoa que sabe me criticar dando prova com a memória que já fez isso, que sabe como fazer realmente. E se eu percebo que não sinto vontade de falar com ele, como já mencionei, um mau sinal…

Outro parâmetro essencial é a comunhão com as pessoas. É perigoso seguir pensamentos que não levam em conta a comunhão, o construir relacionamentos, o crescer em conexão com os outros. A defesa da comunhão é geralmente uma inspiração; a afirmação de uma atividade que deve ser feita a todo custo, apesar da comunhão, é geralmente uma sugestão: se eu estou certo, mas rompo a comunhão, o *dia-ballo* me conduz; se por outro lado eu deixo de lado o que acho certo em vista de salvar a comunhão com um irmão ou com a comunidade, isso vem do Espírito Santo.

Em Roma, diz-se que a razão é dos tolos. Entendo que Cristo estava certo, mas desistiu da justiça e, enquanto o crucificavam, dizia: "*Pai, perdoa-lhes, porque não sabem o que fazem*" (Lc 23,34), isto é, desconhecem, fazem coisas sem contato com o coração, sem consciência, sem percepção plena. Como muitas vezes acontece com todos nós.

É bem verdade: a razão é dos tolos, a comunhão provém do Espírito Santo.

Se em um casamento você não escolhe a comunhão e prefere a razão, que vida feia você vive.

Verificar se o que acho que faço é um ato contra a comunhão é essencial para desmascarar os pensamentos. São Paulo diz:

> Se possível, quanto depender de vós, tende paz com todos os homens (Rm 12,18).

Nem sempre será possível estar em paz com todos, mas é sempre possível fazer o que depende de mim.

O exercício de fazer essas perguntas deve ser feito sempre que necessário, na realidade devemos mantê-lo latente em nossa consciência, e fazê-lo com todo pensamento...

Mas é aconselhável, pelo menos, forçar-se a si mesmos a parar regularmente para fazer essa verificação. Este seria o exame de consciência, que não é um ábaco dos pecados; mas um exame propriamente dito da consciência: eu fico em silêncio, deixo-me entrar em oração, leio os Salmos que a Igreja me dá naquele momento, saúdo o Palavra de Deus desse dia, me reseto e abro meu coração ao Senhor Jesus e ao Pai de misericórdia que o enviou a mim como Salvador, e peço ao Espírito Santo que examine o que eu carrego dentro de mim. Vejo os pensamentos "fortes", aqueles que são impostos a mim ou que se espalharam por mim, e isso já me fará entender muita coisa. Porque, lembremos, inações e subadministrações partem de fontes diferentes, mais do que espacialmente, existencialmente.

E eu digo: Como esse pensamento começou? Qual o caminho que me mostrou? E, no final, aonde ele me levará se eu o seguir? Qual é o seu propósito?

E novamente: Você usa o mal como um caminho? É do tipo que acredita que *os fins justificam os meios*?

Isso me mantém na minha missão ou quer que eu mude o caminho do que eu sei que é o bem?

Usemos os primeiros três dias: Você respeita as primeiras evidências? Isso está de acordo com minhas benditas prioridades? Isso me faz recusar o meu limite?

E mais: Esse pensamento me leva à comunhão ou a destrói?

Se um pensamento consegue sobreviver a essa metralhadora de perguntas, em um primeiro nível – e apenas em um primeiro nível – ele pode ser aceito.

Após um período de perseverança, eles são desativados.

E se vive muito melhor.

## Querendo ir mais longe...

E o que mais?

Haveria outro capítulo, mais profundo, da segunda fase. Dizem que o que acabamos de aconselhar diz respeito à primeira abordagem, por onde recomeçar, mas depois teremos de continuar... Até agora estivemos na clara oposição entre a luz e as trevas, entre a vida e a morte. Esse nível nunca desaparece, está sempre em voga. Mas é apenas o começo, porque existe todo o próximo capítulo sobre o falso bem.

Socorro!

Isso é mais pernicioso. Não seria melhor deixá-lo para outro livro? Vamos dar pelo menos uma dica. Uma espécie de degustação.

Alguns de fato pensam que, se uma coisa é boa em si mesma, então o discernimento já está pronto e se pode dormir em paz. Claro que não!

Há pelo menos duas perspectivas a serem consideradas.

A primeira: essa sugestão muitas vezes parece se apresentar como a vontade de Deus, mas é falsa, é uma inspiração *faça você mesmo*, um tipo de bricolagem sapiencial. Os fazendeiros piemonteses dizem que "o *tinto é feito na vinha; o branco, na cantina*". Boa coisa para o vinho – eu sou um entusiasmado degustador de bons vinhos brancos – mas não para a verdade: há pensamentos que brotam na vinha, no ambiente natural e linear, e se contrapõem àqueles que são feitos na adega: as coisas colocadas juntamente aos comprometimentos. São os raciocínios artificiais, obras que não são obediência à realidade.

Em Gênesis, do capítulo 16 em diante, temos uma parte trágica da história do patriarca Abraão, que sofre com a histeria de sua esposa Sara, cheia de ansiedade, por conta do último giro do seu relógio biológico. E vai ao ar uma perturbação indescritível na qual, vendo que é uma mulher velha, ela aceita a ideia de uma barriga de aluguel *ante litteram* e deixa Abraão ter um filho com sua escrava.

Com as categorias bíblicas, o foco está em Sara, um protótipo das mulheres de seus 39 anos, convencida de que encontrou o homem certo na hora certa; uma antecipação da biotecnologia milagrosa que, para ter um filho, destrói oito embriões; protótipo de uma mulher da vida encontrada aos 62 anos, muito, muito mais excitante do que uma esposa de longo prazo. Pessoas que, aos 58 anos, aceitam o desejo de usar *jeans*.

Qual é o tema? A rotina. A pressa. E a falta de capacidade de aceitar os nãos da vida, que já vimos no terceiro dia.

Na história de Gn 16, estamos, como mencionado, no primeiro útero da história: Agar, a egípcia, uma escrava de Sara, é usada para ser fertilizada por Abraão e nasce Ismael. Todo o texto daqui em diante terá um ar de forçação. De compromisso, de confusão.

Ismael é uma mistura genética, entre o patriarca do povo escolhido e uma egípcia. Do outro lado, nascerá Isaac, de Abraão e Sara, fruto das promessas que Abraão recebeu desde o início. Mas a gestão da coisa será um caos sem fim, confrontos, violência, perdas. E uma pobre criança nascerá com um destino belicoso, antagonista.

Do que nasce Ismael? De um desejo humano, resultado da psicologia. Trocar nossos desejos pela vontade de Deus é o problema, precisamos distingui-los bem! Ismael será fabricado, uma forçação, e a vontade de Deus nunca é assim.

Um dos pilares fundamentais da espiritualidade de um colosso da caridade, São Vicente de Paulo, foi: "*As obras de Deus são feitas por si mesmas*". Vamos ler alguns de seus escritos:

> As obras de Deus são feitas por si mesmas e verdadeira sabedoria consiste em seguir a Providência passo a passo. Frequentemente, as boas obras falham porque agem de acordo com suas próprias inclinações, que arrastam o espírito e a razão, mostram o bem desejável como viável e necessário, o que na realidade não é; e é reconhecido mais tarde nos inevitáveis fracassos. O bem que Deus quer é feito quase sozinho, sem que se pense nisso. Assim nasceu nossa congregação; que começaram os exercícios das missões e dos ordinandos; que foi formada a Companhia das Filhas da Caridade; que se estabeleceram as Damas para a assistência dos pobres do Hôtel-Dieu de Paris e dos enfermos das paróquias; que foram cuidados os enjeitados; e que em suma todos os trabalhos surgiram, dos quais estamos agora investidos. Nada disso foi realizado em nosso nome. Mas Deus, que queria ser servido com essas obras, suscitou-as quase sem nos darmos conta; e se Ele nos usasse, não sabíamos aonde Ele nos levaria; e é por essa razão que o deixamos fazê--lo, longe de nos preocupar com o desenvolvimento, muito menos com o começo desses trabalhos. Meu Deus! Como desejo, senhor, que modereis seu ardor e que, antes de empreender qualquer coisa, pondereis bem ao pé do tabernáculo! Sede mais passivo do que ativo; então Deus fará por intermédio unicamente de vós aquilo que todos os homens juntos sem Ele nunca seriam capazes de fazer.
>
> Há coisas em que não devemos agir senão passivamente.

> As obras de Deus não são feitas quando desejamos, mas quando lhe aprazem[32].

As grandes coisas para as quais Deus nos chama têm sua naturalidade, não quebram a realidade, não são puxadas pela nuca, seguem pela lógica interna, são suficientes basta acompanhá-las, surgem com seus ritmos, o trabalho que envolvem é linear, bem direcionado. Em vez disso, Ismael é um comprometimento, ele criará tensões, ele os tornará escravos de posse, porque as duas mulheres lutarão pelo papel. Ismael produzirá ansiedade sobre o futuro: "O que será desta criança? Ele deverá ser expulso? Ismael é o filho de um desejo feito pelo homem. Uma coisa de que estavam convencidos, mas era uma vontade de Deus comprada na Leroy Merlin.

Quando Isaac, filho da promessa, um dom, uma verdade, não um comprometimento, nascerá no capítulo 21, ele não será bom apenas parcialmente, mas em tudo. Filho de Abraão e Sara, Isaac faz sorrir, este é o significado do seu nome, traz a paz, torna livres, é um dom, é fidelidade à memória, é o fruto do relacionamento com Deus.

Portanto, devemos ter cuidado com essas obras autonarrativas nas quais, partindo da ansiedade, tomamos as coisas de Deus, como Sara faz com Abraão, e as misturamos com coisas estranhas, para nos dizer que fizemos a vontade de Deus, simplesmente porque os ingredientes eram biológicos...

Pergunta a ser feita no caso de eu estar no meio da confusão: Será que, por acaso, não estou bebendo o famoso coquetel "*Ismael*"?

E esse é o primeiro aspecto do segundo nível.

O outro é quando um certo tipo de fúria é desencadeado: O de ser inabitado pela guerra santa. A raiva a respeito de coisas sagradas. Quando se "*deve*" lutar pelas coisas de Deus.

---

[32] SÃO VICENTE DE PAULO. *Perfezione evangelica*. Roma: Vincenziane, 1990, p. 134-135.

Uma coisa é dizer a verdade e não ser covarde, outra é a fúria ansiosa pelo sacrossanto.

Um axioma: se você deve defender as obras de Deus, então essas obras não são mais dele e sim suas, você as assumiu para si. Deus sabe se defender muito bem sozinho.

Infelizmente, todos nós podemos chegar a uma fé agressiva e combativa, mas Deus se defende sozinho! A fé não supera o mundo com a espada, mas com amor. Por causa da espada, muitas atrocidades já foram cometidas. Quando você saca sua espada para defender uma coisa "*boa*", acalme-se! Você está ficando muito bravo! Deve ser coisa muito relacionada ao seu ego! Essas visceralidades não têm nada a ver com o Espírito Santo.

Assim, o segundo nível de análise de sugestões e inspirações implica, em *primeiro lugar*, uma passagem pela peneira dos compromissos, das forções e da agressividade. Mas isso é apenas um corte inicial, mesmo que não pareça para um ouvido inexperiente.

Na conclusão deste quarto dia: há uma luz honesta e construtiva em nossos corações, mas há também uma luz noturna, desonesta e destrutiva. Não é verdade que tudo é igual.

> Existem dois caminhos: o caminho da vida e o caminho da morte. Há uma grande diferença entre os dois (*Didaqué*, 1).

# Quinto dia
## O dom da bênção

*A melhor vida para viver é a sua*

> *Disse também Deus: Povoem-se as águas de enxames de seres viventes; e voem as aves sobre a terra, sob o firmamento dos céus. Criou, pois, Deus os grandes animais marinhos e todos os seres viventes que rastejam, os quais povoavam as águas, segundo as suas espécies; e todas as aves, segundo as suas espécies. E viu Deus que isso era bom. E Deus os abençoou, dizendo: Sede fecundos, multiplicai-vos e enchei as águas dos mares; e, na terra, se multipliquem as aves. Houve tarde e manhã, o quinto dia (Gn 1,20-23).*

Neste quinto dia, o que aparece de novo? Nada menos do que a vida. Até agora havia o cenário cósmico, o horizonte do espaço sendo organizado e o espaço livre da terra devido ao exuberante brotamento da vegetação, regulado pela luz do dia e da noite.

E antes de os arrendatários da terra serem introduzidos, a vida aparece nas águas e nos céus. Peixes e pássaros. É o começo da vida.

Neste dia, Deus falará duas vezes: no primeiro caso, para inaugurar a vida biológica. No segundo, para abençoar, e é a primeira vez que Deus faz isso.

É como se a vida estivesse entre duas palavras. A segunda é uma bênção solene, que tem como conteúdo a fertilidade, mas a primeira é:

> Povoem-se as águas de enxames de seres viventes; e voem as aves sobre a terra, sob o firmamento dos céus (Gn 1,20).

É uma ordem, não um convite. A vida é uma palavra de Deus, seu decreto inevitável, sua decisão.

Recomeçar, reconstruir, recomeçar, é uma fase que envolve a escolha dos atos autênticos mais saudáveis, mais construtivos e, acima de tudo, mais reais.

Nós não partimos das utopias. Não partimos das pretensões.

Como acabamos de sair do ver em tudo a grande batalha de inspirações contra sugestões, existe um desafio crucial para permanecer na verdade, na realidade.

Nós já tivemos de falar alhures sobre alguma coisa que não pode ser ignorada: a vida não é como pensamos, não é como a projetamos, ela é como é.

Se você tem brânquias, então é um peixe; se você tem asas, geralmente, é pássaro. Se você é baixo, não vá às Olimpíadas competir no salto em altura; se você é muito alto, não conseguirá medalha de outro nos 100 metros rasos. Se você é desafinado, esqueça sua carreira na ópera; e se você é careca, esqueça qualquer possibilidade de fazer comercial de xampu. Você não pode encontrar uma produção própria de duja na Irlanda, e se você abrir uma loja de *porchetta* em Teerã, o negócio provavelmente irá à falência. Em vez disso, se você é desafinado, ouça os concertos, não os faça: geralmente nos concertos há alguém que toca e muitos que escutam, o relatório numérico indica que não deve ser tão desagradável ouvir um concerto. Melhor estar do lado seguro: duja na Calábria, *porchetta* em Ariccia. É um fato. Aceite-o.

A vida – vimos no terceiro dia – diz alguns "nãos", mas agora devemos ver o mais importante: que ela também diz "sim".

Sobre esses "sim" são muito comuns as distrações. Porque se negligencia uma das maiores pérolas de sabedoria que a sabedoria humana já produziu e que nestas páginas estamos prestes a manifestar. Você está pronto para o êxtase? Para o estupor? Para a maravilha?

Aqui está a luz: se você está procurando aquilo que não existe, será difícil encontrá-lo.

Porque não existe.

Se, ao invés disso, você está procurando algo que existe, pode acabar encontrando, porque existe.

Nunca, e repito, nunca de maneira apodíctica, com certeza imperial, repito esta absolutização: Você nunca encontrará o que não existe. Por quê? Porque não existe.

Genial, não é?

## Do que existe, não falta nada

Seremos capazes de arrastar o leitor para esta aventura ousada, neste desafio irreverente? Qual desafio? O de buscar o que existe. Quem será tão ousado a ponto de partir para a jornada da realidade?

É preciso coragem, mais do que qualquer outra coisa, porque apenas alguns fazem isso. Mesmo nós, cristãos, pioneiros da existência, fazemos pouco. Nós voluntariamente navegamos na doce sopa de ausências, das expectativas, das projeções, das hipóteses; nós muito raramente sondamos o mar da realidade.

Mas para entrar nessa aventura precisamos destravar um freio de mão interno, que muitos continuam puxando. O quê? Esse tipo de inibição latente pela qual alguém tem de *justificar* o direito de viver. De certo modo, paradoxalmente, não vivemos, mas nos justificamos.

Eu deveria tentar viver para o que eu me considero ser, e ao invés disso eu me concentro, junto com a maioria da humanidade, em modelos externos, nos parâmetros de todos os tipos, que nas Escrituras são chamados de *ídolos*; então eu me entrego à violência sem quartel em meu pobre material humano para aderir ao modelo que descobri e afirmo meu direito de viver. E toda a vida será a recitação desse roteiro.

No máximo, depois de tanto massacre e sensação de opressão, tentarei mudar o roteiro...

Que alegria!

O texto do quinto dia contém a solução. A vida é uma decisão de Deus e Ele a abençoa. Não cabe a mim torturar-me para justificar minha existência e, portanto, não cabe a mim avaliar meu direito de viver e, obviamente, nem mesmo avaliar o direito de os outros viverem. A vida não deve ser selecionada. Deve ser acolhida. Caso contrário, o delírio começa, apenas para citar, a partir dos modelos hegelianos e as hipóteses passadas para ir direto para Auschwitz. Campos de concentração externos, internos, culturais e relacionais. Se necessário, também eclesiais.

Todos os conformismos são rejeição da realidade em nome de um modelo. Todas as ideologias são abjurações do estado das coisas. Todos os projetos, mesmo os pastorais, navegam à beira da violência contra o fluir dos fatos.

Há uma frase atribuída a Hegel que eu quero, em toda a sua fealdade, reproduzir em um alemão que eu não conheço, como em uma espécie de exorcismo:

*Wenn die Tatsachen nicht mit der Theorie übereinstimmen, um so schlimmer für die Tatsachen* [Se os fatos não concordam com a teoria, tanto pior para os fatos].

Parece que ele disse isso depois que o informaram que havia um planeta, Urano, que ele não havia calculado, e isso contestou sua teoria de que poderia haver apenas seis planetas no sistema solar. Como se dissesse: muito pior para Urano, saiba que ele não existe.

Se ele disse isso ou não, a frase corresponde a ele e corresponde ao massacre que seu pensamento desencadeou, aquele para o qual a ideia vale mais do que a realidade – uma crença de que na psicodinâmica seria uma definição de um estado psicótico – mas na filosofia gozou da mais credenciada cidadania e gerou o marxismo, o nazismo e todas as ideologias opostas ou similares. E os *gulags* e as opressões do povo chinês sob Mao Tsé-Tung e muito mais.

A montante das ideologias, dos projetos e das teorias, somos mortais. Mas por trás da realidade existe o Pai do Céu.

Esta não é uma simples declaração de um crente. O discurso não é tão previsível. Este é o caminho para sair da tortura que o homem sabe como produzir em si mesmo e ter de justificar o seu direito de existir. É o fim das torturas dos corações nossos e dos outros.

Quantas batalhas inúteis para tentar nos credenciar por meio de esgotantes cirurgias plásticas existenciais, feitas de competições, comparações, certas derrotas no começo! Contra quem? Contra a realidade. Contra a vida.

Então, vamos colocar essa âncora de salvação em nossa tendência à deriva, e bater alegremente contra essa rocha poderosa e decisiva: a vida é um decreto de Deus, eu estou vivo pela vontade de Deus.

Eu ponho o peso dessa coisa na qual posso descarregar o centro de gravidade no fundo da minha estrutura. Afinal, eu sempre sei: não posso ser um evento fortuito. É precisamente por isso que me torturo, porque aspiro a uma autêntica dignidade, sinto que me pertence, mas aí começa um esquecimento demoníaco da minha origem: não pedi para nascer, minha existência surgiu como um dom, mas eu me esqueci disso e ajo como se eu tivesse de pagar a taxa de entrada, mas eu já estou no jogo, eu já estou no assunto. Esqueci-me de ter o código PIN por natureza. Porque existo, luto para me lembrar a senha da vida, mas este é um *hot-spot* aberto, o acesso é livre, não há senha.

Como recomeçar se não acho que estou à altura disso? Como Israel escreveu essa fabulosa canção sobre a vida que é o primeiro capítulo da Bíblia, apesar de estar em uma fase desastrosa, se não reconhecendo esse dom e baseando tudo nisso?

E então a coisa a fazer é o mapeamento de nosso equipamento de bordo. A vida é abençoada, deve ser acolhida e não colocada *sub judice*.

Então, finalmente, partimos para a busca do que existe.

Do que estamos falando? Eu acredito que um exemplo pode ajudar.

No fim de um encontro dos Dez Mandamentos, terá sido em torno de 2009, um grupo de jovens com rostos sérios se aproxima de mim. Eles me contam sobre um amigo deles, jovem como eles, que não pode mais se mover porque sofre de esclerose lateral amiotrófica, a infame ELA.

E eles me perguntam a fatídica pergunta: "Como podemos ajudá-lo? O que podemos fazer por ele?

"Que egocêntricos! – respondi – o problema não é o que vocês devem fazer! Mas por que, ao invés de olhar para o que esse rapaz não tem, vocês não olham para ele?"

Ficaram atordoados. E continuei: "Por que vocês o veem como um problema e não como um recurso?" E eu lhes expliquei que de uma cruz você vê o mundo de uma perspectiva sapiencial, e que esse amigo era um dom para eles. Eles ficaram boquiabertos diante de mim.

Propus-lhes que fossem individualmente conversar com ele sobre seus problemas pessoais, submeter-lhe suas questões afetivas, relacionais e outras questões.

"Por que vocês não o exploram? É um presente que o Senhor lhes dá. Por que vocês não se redimensionam com o que ele vive, quem sabe o quanto vocês precisam?"

Eles tentaram.

Então eles me disseram que havia uma fila, todos eles queriam falar com ele. Ele tinha uma perspectiva surpreendente sobre as coisas.

Eu li um pequeno livro escrito por um homem, Carlo Marongiu, afligido pela mesma doença. A obra foi escrita com a máquina que lê o movimento dos olhos. Chama-se *Pensieri di uno spaventapasseri* [Pensamentos de um espantalho][33]. Além de incrivelmente profundo, ele muitas vezes faz as pessoas sorrirem, mesmo pela engraçada ironia que demonstra. Há algo de bom nesse livro. É a história de um homem que procura o que existe e o encontra. Ele se mudou para o Reino dos Céus em 2008, havia uma multidão em seu funeral. Estamos falando de uma pessoa que deixou um legado de paz, de alegria, de amor pela vida.

Há um mar de pessoas saudáveis que nada sabe sobre paz e alegria; mas pleno de coisas bonitas.

A primeira série de exercícios que vamos fazer neste dia é começar a olhar nossas vidas de cima a baixo, e do nascimento aos dias de hoje, repercorrendo os dons. Tantos. Incontáveis. De muitos tipos.

Naturais e sobrenaturais.

---

33 MARONGIU, C. *Pensieri di uno spaventapasseri*. Edição do autor. Para encomendar o livro, há que se escrever a Carlo Marongiu, viale Emilio Lussu, 13, 09070 Narbolia (OR) – Itália.

Calmamente, começo a fazer uma lista, a ser constantemente atualizada, tendo em mente a inscrição: *O que há na minha vida?*

Tente dizer, ler de novo, confessar, admitir. Falar sobre isso com Deus e se também se aplica aos que nos rodeiam. E comece a ver o que existe.

Isso fornece luz e desencadeia uma consciência que se abre para a gratidão. Voltaremos a esse exercício mais tarde, mas é muito bom descobrir o que existe, o que está aí, e dar-lhe voz.

É bom se um pai lhe disser: minha vida é linda porque você está aqui. É bom que uma esposa lhe diga: minha vida é linda porque você existe. É bom que uma irmã lhe diga: minha vida é linda porque você existe. Como criança, feliz com pouco que pouco não é, o que conta é o que conta.

Uma vez um homem me disse: "Quando eu e minha mulher tínhamos de dividir um sanduíche, porque só tínhamos isso, aquele sanduíche tinha um quê de tudo. E nós conversamos sobre tudo e as palavras não acabavam mais. Hoje compramos a casa para as crianças, vejo televisão na sala e ela no quarto. A vida hoje é muito mais triste".

Vi pobres alegres e milionários irritados. Os primeiros podem lutar até a morte e nunca chegarão nem perto de ter metade do que um milionário consegue sem fazer nada. Mas eu vi os primeiros curtindo coisas que geralmente jogamos fora. Eu vi ricos que se descartavam.

Mas eu não estou fazendo moralismo para fazer você se sentir culpado. É só para abrir os olhos. E focar que, se um sofredor ELA tem uma aventura para viver, isso significa que todo mundo tem uma aventura a viver.

E reafirmamos a segunda palavra que Deus pronuncia, que é uma bênção.

Para que precisamos nos lembrar disso?

Em certo sentido, o problema é iniciar a fase realmente positiva de nossa reconstrução, e isso envolve um campo de ação. Já tocamos nesse tema no primeiro dia, e mencionamos o exemplo do bom cozinheiro que é quem inventa um prato com o que ele encontra na geladeira. Nesse contexto, falava-se em não desprezar nossa pobreza, e viemos a nos abrir, no tema do caos, para nossa miséria como um lugar onde Deus queria trabalhar conosco.

Agora estamos em um estágio posterior: aqui não é mais uma questão de aceitar nossa pobreza, aqui é uma questão de abraçar nossa riqueza.

## "...aprendi a ser rico..."

Há uma passagem bastante peculiar de São Paulo:

> Tanto aprendi a ser pobre como também a ser rico; de tudo e em todas as circunstâncias, já tenho experiência, tanto de fartura como de fome; assim de abundância como de escassez (Fl 4,12).

Bem, aprender a aceitar a pobreza, aprender a não perder o coração em tempos de fome e pobreza, parece-me uma escola séria e exigente.

Mas aprendendo a ser rico, a estar saciado e ter abundância... isso me parece que não há muito que aprender, se você me colocar nas condições que eu acho que talvez eu possa improvisar, eu deveria me dar bem.

E isso não é verdade.

Aqui se trata de uma escola com poucos alunos. A escola da gratidão.

Há uma história emblemática no Evangelho de Lucas:

> De caminho para Jerusalém, passava Jesus pelo meio de Samaria e da Galileia. Ao entrar numa aldeia, saí-

ram-lhe ao encontro dez leprosos, que ficaram de longe e lhe gritaram, dizendo: "Jesus, Mestre, compadece-te de nós!" Ao vê-los, disse-lhes Jesus: "Ide e mostrai-vos aos sacerdotes". Aconteceu que, indo eles, foram purificados. Um dos dez, vendo que fora curado, voltou, dando glória a Deus em alta voz, e prostrou-se com o rosto em terra aos pés de Jesus, agradecendo-lhe; e este era samaritano. Então, Jesus lhe perguntou: "Não eram dez os que foram purificados? Onde estão os nove? Não houve, porventura, quem voltasse para dar glória a Deus, senão este estrangeiro?" E disse-lhe: "Levanta-te e vai; a tua fé te salvou" (Lc 17,11-19).

O jogo de palavras é notável: *purificados* – o que significa curados – todos os dez, mas apenas um é *salvo*. Aquele que agradece. Justamente aquele que entendeu profundamente o que aconteceu com ele.

Na verdade, é interessante que somente um estrangeiro, aquele que anda louvando, retorna para agradecer.

Como acontece com os turistas: só os estrangeiros veem Roma. Nós romanos realmente não calculamos isso. Veja como os turistas japoneses sorriem de orelha a orelha demonstrando o prazer que eles sentem nesta cidade, e nós, daqui, andamos de cabeça baixa e achamos que é tudo igual. Para ver as coisas você precisa ser um feliz caminhante da vida.

Como os hóspedes, que agradecem por tudo no primeiro dia. Então, lentamente, eles tomam por certo o que está lá, e você talvez até acabe tendo de colocá-los na linha, porque eles pegam as coisas que não devem e sem perguntar.

Mas compreender o que temos exige que nos abramos à gratidão, que envolve negar a tristeza. Já mencionamos isso de passagem. É um dos oito maus pensamentos para a espiritualidade da Igreja Oriental – os outros sete correspondem aos nossos pecados mortais.

Deve ser rapidamente esclarecido que existem dois tipos de tristeza, como diz São Paulo: uma segundo Deus – e é o desejo de amar melhor[34] – e uma segundo os ídolos deste mundo, sobre o que estamos falando agora, e que é tecnicamente a frustração da posse:

> Porque a tristeza, segundo Deus, produz arrependimento para a salvação, que a ninguém traz pesar; mas a tristeza do mundo produz morte (2Cor 7,10).

A tristeza estéril é um monstro. É um aliado com quem se deve quebrar qualquer contrato. Se o quinto dia é o dia da primeira bênção, esse trecho da estrada que fazemos pode ser a ocasião em que nos abrimos para a gratidão. Uma ocasião que se opõe à tristeza. George Bernanos, no já citado *Diário de um pároco de aldeia*, apresenta essa lógica da tristeza como inimiga da esperança, em uma passagem citada pelo Papa Francisco na *Evangelii Gaudium*. Bernanos diz:

> O pecado contra a esperança – o mais mortal de todos – é talvez o mais aceito, o mais querido. Demora muito tempo para reconhecê-lo, e a tristeza que anuncia e precede é tão doce! É o mais precioso elixir do demônio, sua ambrosia[35].

Vale a pena ver a brilhante descrição do Papa Francisco, quando ele cita Bernanos, que desmascara muitos cristãos que, apesar de

---

34 Aprofundar agora esse argumento arruinaria a economia do discurso, mas, pelo amor de Deus, a tristeza, pela simplicidade, está ligada à sensação de uma beleza não perseguida e ao impulso de ressurgir de um erro que nos fez amar mal. É o arrependimento, que não tem nada a ver com o sentimento de culpa: o sentimento de culpa é o orgulho invertido e a falta de respeito pelos limites, ou seja, é sentimento autorreferencial, o sentimento de arrependimento é relacional, mira ao amor não dado, tem o outro no centro. Para a análise dos oito pensamentos, se o leitor quiser ter material do autor destas linhas, reze bastante para que ele seja libertado de uma quinzena de compromissos e também que tenha tempo para escrever...

35 BERNANOS, G. *Diario di un curato di campagna*. Op. cit., p. 288.

amplamente beneficiados pela generosidade de Deus, como os nove entre dez do texto de Lucas, têm alguma coisa além de gratidão em seus corações.

> Assim se gera a maior ameaça, que "é o pragmatismo cinzento da vida quotidiana da Igreja, no qual aparentemente tudo procede dentro da normalidade, mas na realidade a fé vai-se deteriorando e degenerando na mesquinhez". Desenvolve-se a psicologia do túmulo, que pouco a pouco transforma os cristãos em múmias de museu. Desiludidos com a realidade, com a Igreja ou consigo mesmos, vivem constantemente tentados a apegar-se a uma tristeza melosa, sem esperança, que se apodera do coração como "o mais precioso elixir do demônio". Chamados para iluminar e comunicar vida, acabam por se deixar cativar por coisas que só geram escuridão e cansaço interior e corroem o dinamismo apostólico. Por tudo isto, permiti que insista: Não deixemos que nos roubem a alegria da evangelização! (EG 83).

Uma doce tristeza que desencadeia uma psicologia do túmulo.

E, em vez disso, aqui tentamos desencadear, em certo sentido, a psicologia da vida.

Um exercício deve ser feito de qualquer maneira e, independente disso, e bom para todos: parar todas as noites para ver o que recebemos naquele dia. Para vários jovens isso pode ser suficiente como um exame do dia, sem outras análises: diga pelo menos três coisas boas sobre esse dia que termina. E se você começar a pensar, verá que houve muitas outras. Mesmo no dia mais terrível. Que então lentamente se torna capaz de ver o bem oculto mesmo em coisas que parecem mais trágicas. Às vezes eu também tive de oferecer esse exercício primário a alguns padres, porque os encontrei envoltos em tristeza e ingratidão. Circundados pela graça, mas encharcados com o hábito de murmurar... e a murmuração é a oração do diabo.

Para entender melhor a arte de bendizer, na qual temos necessidade urgente de nos aprimorarmos, deve-se notar como soa o conteúdo da bênção da vida, a segunda palavra explícita de Deus no quinto dia:

> Sede fecundos, multiplicai-vos e enchei as águas dos mares; e, na terra, se multipliquem as aves (Gn 1,22).

Ele diz que é bom que nós existamos e que sejamos muitos! É bom que a vida se reproduza! Há algo certo, por exemplo, na tensão que tantos homens têm pela preservação de espécies vivas, contra a extinção desse ou daquele animal – para além de um certo esquecimento de uma lei natural inevitável. Isso é verdade: é triste que uma espécie desapareça, é triste que não haja alguém.

Deve-se dizer às pessoas infinitas vezes: "Obedece ao comando de Deus que lhe disse para existir! Ele o chamou para a vida". Quem entre nós pode dizer para si mesmo ou para outra pessoa: "Você não deve existir!" Quando dizemos isso, estamos numa profunda mentira, estamos propriamente na maldição.

A maldição – que se opõe a essa lógica – é a rejeição de nossa existência. O tentador está sempre por perto. É necessário entrar na alteridade com todos os atos de maldição, com atos de rejeição da vida. A vontade de Deus é viver! Isso é importante! Precisamos colocar isso na cuca de uma vez por todas: "Eu devo viver!" É bom viver, é importante viver! Para encontrar o fio da vida é necessário obedecê-lo.

Diz São João Damasceno:

> Tudo o que Deus fez é muito bom, tudo o que persiste assim como foi criado é muito bom. O que voluntariamente se separa do natural e vai contra a natureza se torna ruim. Tudo o que é necessário e obedece ao Criador está de acordo com a natureza. Quando uma criatura voluntariamente se rebela e desobedece a seu Criador, estabelece o mal em si mesma[36].

---

36 SÃO JOÃO CRISÓSTOMO. *Esposizione esatta della fede ortodossa*, IV, 20.

Como é feita, como é minha vida concreta. Limitada? Atacada? Pobre? Humilde? Fraca? Frágil? Essa é a única vida que tenho. Quando me lanço por outra vida, por uma vida que não tenho, recuso e frustro a minha, porque quero uma existência que não é minha, lanço-me a perspectivas idólatras de esperar, esperar ser o que não sou, ter o que eu não tenho. E assim nada é produzido além da psicologia da morte: eu entro na maldição de mim mesmo. Eu me recuso. Todos os sistemas idólatras, de expectativas, de projeções em objetos ou projetos, são basicamente autoaversão. Se alguém quer outra coisa além da própria existência, para de abençoar o que se tem e o que se é. Se alguém quer outro corpo, para de abençoar o que se tem, mas ao invés disso Deus o abençoou! Devemos apoiar essa bênção, nos submeter, sob a onda de vida que o Senhor nos deu, valorizá-la, achá-la bela, aceitá-la.

> A sabedoria exalta seus filhos e cuida dos que a procuram. Quem ama a sabedoria ama a vida; e os que a procuram desde a aurora serão repletos de alegria (Eclo 4,11-12).

E ainda:

> Observa o momento presente e guarda-te do mal, sem envergonhar-te de ti mesmo. Pois há uma vergonha que conduz ao pecado; e outra, que é honra e graça (Eclo 4, 20-21).

O que significa não ter vergonha de si mesmo? Vamos chegar lá gradualmente. Lembremo-nos de que centrar o alvo da vida não é apenas o problema vocacional dos jovens que estão estabelecendo sua existência, mas é o tema de cada trecho da estrada, de todas as encruzilhadas, de todas as escolhas.

O discernimento sobre a própria vocação não termina com a juventude; em toda sua existência, a pessoa terá de enfrentar a si mesma! Todos os dias devemos entender a que Deus nos chama. Entender a vocação da velhice, da maturidade, da vocação do trabalho, da amizade. E a questão não é estar em um planejamento estéril, em utopias pequenas e grandes, mas na realidade, em obediência à vida.

Em outras palavras...? Delicie-se com a vida como Deus a estabeleceu. É necessário entrar nas veias da vida, saber como acompanhá-la do jeito que ela é. A vida abençoada nos é dada. Este é o mandamento de Deus. Sua vontade é: obediência a essa bênção. É vital encontrar, aceitar e apoiar a bênção de Deus em nossa existência. Mas como fazer isso?

## Segundo as suas espécies

A partir do terceiro dia apareceu a frase *"segundo as suas espécies"*, e aqui reaparece, e retornará no sexto dia, e cada vez que o texto insiste pelo menos duas vezes, repetindo-se. Em nossa aventura de reconstruir a vida, em que direção essas palavras nos levam?

A espécie é, tecnicamente, a proximidade filogenética entre os membros do grupo chamado por esse nome, mas na linguagem bíblica não existe esse significado preciso[37]. Basicamente, os peixes têm suas espécies, os pássaros também, e isso significa seu tipo de vida. Precisamos entender uma coisa: o caminho da bênção está em nossa especificidade. E isso envolve romper com a vergonha de nós mesmos. Então, muitas vezes, de fato, as pessoas adoram a ideia de uma vocação que não é a sua própria existência, e são forçadas a ser o que não são, porque se apaixonaram por uma fuga de si mesmas. Em vez disso, é preciso começar a respeitar as dobras do próprio ser, a enfatizar as veias da própria vida.

Nós damos permissão para matar a espontaneidade? A erupção de impulsos é desencadeada? Claro que não!

É importante lembrar que existem dois tipos de atitudes: construtivas e destrutivas. Desobedecer a vida é uma atitude destrutiva, uma desobediência ao "tipo de vida" que é recebido – lembrando que ninguém vive a vida humana de maneira genérica, no abstrato,

---

[37] O termo *"mîn"* mais do que espécie indica *tipo, variedade*.

todos vivem em particular a vida humana: sua vida única e irrepetível de acordo com as características biológicas, existenciais e históricas, com ocasiões e situações que Deus decidiu. A vida pode ser aceita ou desafiada por entrar em uma lógica construtiva ou destrutiva, mas a vida certamente já está determinada diante de mim.

Mas antes de prosseguir é necessário abrir um parêntese que seja tudo menos secundário: a obediência às coisas como elas são é a principal porta para a criatividade. Todo mundo pensa o contrário... Um exemplo são os grandes músicos que executam peças de uma maneira extraordinária sem violar nada do que foi escrito na partitura. Como vimos alhures, na música há a clave, o tom, o ritmo, o andamento e, então, parece que tudo está determinado. Nada disso! A interpretação do músico, por exemplo, não é mudar o ritmo, mas permanecer no ritmo dando ênfases pessoais, o espaço de sua própria identidade dentro da obediência, de modo que a interpretação é o espaço dentro do ritmo.

Assim escreve o indispensável Chesterton:

> O anarquismo nos estimula a ser artistas criativos arrojados e a não dar atenção alguma a leis e limites. Mas é impossível ser artista e não dar atenção a leis e limites. A arte é limitação; a essência de todos os quadros é a moldura. Se você desenha uma girafa, deve desenhá-la de pescoço comprido. Se, dentro do seu método criativo arrojado, você se julgar livre para desenhar uma girafa de pescoço curto, de fato descobrirá que não está livre para desenhar uma girafa. No momento em que se entra no mundo dos fatos, entra-se no mundo dos limites. Pode-se libertar as coisas de leis externas ou acidentais, mas não das leis da sua própria natureza. Você pode, se quiser, libertar um tigre da jaula; mas não pode libertá-lo de suas listras. Não liberte o camelo do fardo de sua corcova: você o estaria libertando de ser um camelo. Não saia por aí feito um demagogo, estimulando triângulos a libertar-se da prisão

de seus três lados. Se um triângulo se libertar de seus três lados, sua vida chega a um desfecho lamentável. Alguém escreveu uma obra intitulada *The Loves of the Triangles* [Os amores dos triângulos]; nunca a li, mas tenho certeza de que se triângulos alguma vez foram amados, eles o foram por serem triangulares. Esse é certamente o caso de toda criação artística, que, sob algum aspecto, é o exemplo mais decisivo da vontade pura. O artista ama suas limitações: elas constituem a COISA que ele está fazendo. O pintor se sente satisfeito por ser plana a sua tela. O escultor se sente satisfeito por ser incolor a argila[38].

Para ser verdadeiramente tal, um artista deve primeiro ser um artesão, porque ele deve conhecer muito bem o assunto com o qual lidará. A verdadeira criatividade não é quebrar as regras, mas obedecê-las e aprimorá-las. A arte do século XX, por exemplo, muitas vezes alcançou coisas complicadas e não comunicativas porque frequentemente atropelou as regras com um sentimento de transgressão que é a rejeição do limite, coisa que tem mais a ver com infantilidade do que com originalidade, um concerto de egoísmos humanos, onde acredita-se ser capaz de fazer a verdadeira arte por meio da violência para importar em nome do ego do artista.

Há alguns que pensam que são criativos, mas são apenas ignorantes. Sem meias-palavras. Uma obra de arte exige ser capaz de respeitar a matéria em que queremos nos expressar. Há pintores com estilo próprio que não sabem desenhar uma única peça anatômica ou elemento semelhante. E se eles são bons nisso, isso não significa que sejam artistas.

Nem todos os artesãos são artistas, mas certamente todos os artistas autênticos são artesãos.

E ser artesão implica amor pela matéria, respeito pela matéria-prima com a qual se trabalha.

---

[38] CHESTERTON, G.K. *Ortodoxia*. São Paulo: Mundo Cristão, 2012, p. 41-42.

Ao ler um texto bíblico, por exemplo, é importante conhecer coisas como a língua original, o gênero literário, a história do texto, seu contexto vital e várias outras coisas, não por causa do tecnicismo, mas porque são a matéria-prima do texto. Não é possível que alguém se permita tecer comentários sem ser um artesão do código intrínseco da palavra que ousa decodificar.

É emblemático que, na narrativa lucana da apresentação no Templo, ou seja, quando o recém-nascido recebe um primeiro reconhecimento como Messias, haja um conjunto de citações da Lei do Senhor, acompanhadas de expressões semelhantes. Vejamos brevemente essas referências:

> *Completados oito dias para ser circuncidado* o menino, deram-lhe o nome de JESUS, como lhe chamara o anjo, antes de ser concebido. Passados os dias da purificação deles *segundo a Lei de Moisés*, levaram-no a Jerusalém para o apresentarem ao Senhor, conforme o que está escrito na *Lei do Senhor*: Todo primogênito ao Senhor será consagrado; e para oferecer um sacrifício, *segundo o que está escrito na referida Lei*: Um par de rolas ou dois pombinhos (Lc 2,21-24).

E o texto termina com este resumo:

> Cumpridas todas as ordenanças segundo a Lei do Senhor, voltaram para a Galileia, para a sua cidade de Nazaré (Lc 2,39).

A salvação que vem com esse Menino não é algo forçado, é uma obediência que muda tudo a partir de dentro: o Messias não vem para violar as coisas, mas dentro delas. E Jesus diz:

> Não penseis que vim revogar a Lei ou os Profetas; não vim para revogar, vim para cumprir (Mt 5,17).

A história é mudada a partir de dentro, mudanças duradouras são aquelas feitas na fidelidade.

Então podemos aprofundar o principal exercício do quinto dia, já mencionado, que agora enfrentamos até o fim com boas fundações, porque se a vida é "*segundo suas espécies*", aqui está minha vida com uma forma a ser respeitada, com suas dobras a serem valorizadas e conhecidas.

O que isso significa?

Que se eu quiser re-acionar o bem, devo me manter na trilha do bem. E se todo dia for encerrado o foco em coisas boas, uma vida é reiniciada por meio de uma operação de mapeamento do bem.

Houve graças em minha vida. Apesar de todas as minhas confusões e erros, houve uma série de coisas belas, de dons importantes, de luzes, de inspirações, de boas reviravoltas. Sempre e apesar de tudo.

Mais uma vez vou precisar de caneta e papel e começar enumerar as graças da minha vida. Minhas bênçãos. Eu preciso de um parâmetro para entender se tudo que penso foi realmente uma bênção. O texto a seguir me oferece um parâmetro:

> E Deus os abençoou, dizendo: "Sede fecundos, multiplicai-vos e enchei as águas dos mares; e, na terra, se multipliquem as aves" (Gn 1,22).

Bênção e fecundidade são parentes próximos. Ser abençoado significa ser fecundo. A vida vem de uma bênção, caso contrário, algo está errado.

E então eu olho para a minha história e procuro aquelas coisas boas que me fizeram fecundo, que me levaram a viver, ou a voltar a viver e deixar viver.

Repercorre-se a própria vida e toma-se posse da bênção presente nessa aventura, procurando os momentos em que encontrei o bom, os momentos construtivos, as graças de todos os tipos, em todas as suas dimensões.

E depois de um tempo que esse exercício é feito, desde a infância, gradualmente até o presente, em um dado momento – não em um dia – devemos chegar a uma lista razoavelmente fiel de graças, dons e atos fecundos, de crescimento, de luz.

E chegamos ao ponto: começamos a procurar a constante. Graça sobre graça, coisas bem-feitas sobre coisas bem-feitas, crescimento sobre crescimento, busca-se o maior divisor comum. A constante das próprias graças. Aqui está a própria espécie!

Existe, na prática do discernimento, uma lei de continuidade: há um caminho que Deus tem para me salvar com uma coerência própria. Geralmente, leva-me por uma linha de graça, por uma chave de salvação. Sua misericórdia é eterna, e o caminho do Senhor é reto, não é contraditório.

Quero construir o bem? Quero recomeçar? Esta é uma das principais coisas: focar em como Deus me salva.

Alguém disse que Deus se aproxima com passos de uma pessoa conhecida, se move de uma forma que é percebida como reconhecível. O Espírito do Senhor tem seu próprio jeito de entrar no coração de todos.

Mil vezes me ajudou a voltar às pegadas das minhas graças, a rastrear o esconderijo do bem em meu território, a recordar os lugares habituais de me deixar ser redescoberto pelo Pai. Eu sei que há coisas que, se eu as fizer, me fazem bem; elas sempre me fizeram bem.

Cada casal, para manter bem o casamento, deve ter seu manual da alegria, a lista de coisas que são boas para o casal. Os atos construtivos vividos no passado, que não devem ser esquecidos, a serem repetidos, para aprender.

O bem faz bem, e quanto mais você anda em seus sulcos, melhor você é.

A vida abençoada tem sua própria espécie, ela tem seu próprio corte, e no discernimento para colocar meus passos em lugares seguros eu preciso observar a continuidade, a repetitividade da graça em minha vida.

Então faço uma lista de graças e tomo a continuidade de minhas graças, calmamente, deixando-me parecer sem pressa, sem eficiência, porque isso é algo a fazer com cuidado, algo que vai me ajudar muito. Dou um exemplo: há algum tempo ajudei um padre que me disse que foi fortemente empurrado para entrar em uma área de ministério sacerdotal em que ele nunca havia atuado. Ele queria lidar com uma miséria humana que encontrara e precisava de serviço. Ele começou a se envolver e se abrir para essa possibilidade, a soltar os freios internos que o levaram a ser amarrado a tudo o que ele tinha feito até aquele momento. Com o sacrifício do coração e com toda a generosidade de sua alma, ele estava preparado para deixar tudo e servir ao Senhor nessa dimensão, incomum para ele.

Isso foi, na verdade, uma grande tentação.

Preparado para cada sacrifício, ele acreditava que estava em um caminho espiritual, precisamente porque isso lhe custou muito. Foi um engano. Tudo nasceu de um sentimento de culpa, um produto típico do diabo, porque o bem ou o mal nunca serviram ao Senhor nesse sentido, e por trás desse sentimento de culpa havia orgulho de não aceitar não ser capaz de fazer tudo, pois ele tinha seus limites em seu serviço. Era a larva oculta, uma rejeição de sua pobreza.

E colocando em jogo as coisas que ele estava fazendo, ele arriscou arruinar o bem que já acontecia.

Eu tive de dizer a ele: "Querido irmão, por todos esses anos o Senhor sempre fez o mesmo discurso com você, Ele sempre preencheu sua vida de graças sempre na mesma direção. Mas o que esses planos têm a ver com sua vida? Não é um fato que sua vida segue nessa direção, enquanto há diante de você uma estrada do bem na qual prosseguir, e que a Igreja confirmou você. Se o Senhor lhe concedeu esses dons, quem é você para jogá-los fora? Ou você acredita que Deus concede sua graça em vão? Veja bem que o caminho do Senhor é reto. Ele não é tortuoso, mas límpido! Que diabos você está fazendo?"

Felizmente, aquele irmão percebeu que o diabo, usando seus sentimentos de culpa, o cegara, distraindo-o da linha da graça. E ele viu que esse truque estúpido tinha acontecido várias vezes, de uma maneira menos séria, mas similar.

Ele aprendeu desde então a respeitar a obra de Deus mais seriamente.

Nós devemos andar em nossas graças.

Diz o Senhor Jesus:

> Não são doze as horas do dia? Se alguém andar de dia, não tropeça, porque vê a luz deste mundo; mas, se andar de noite, tropeça, porque nele não há luz (Jo 11,9-10).

O dia é a linha de coisas boas que Deus fez conosco e a série de coisas que Ele disponibiliza para nossa salvação, as oportunidades concretas que ocorreram e ocorrem em nossa história. A noite é o que não é "*segundo a nossa espécie*", não importa se é bom ou ruim, o ponto é que não é nosso.

Dizemos no Pai-nosso: *O pão nosso de cada dia nos dai hoje*. Nós não dizemos: *dai-nos o pão*, não pedimos qualquer pão. Nós pedimos o *nosso*.

Comer o seu próprio pão é o caminho da vida abençoada.

O bem não acontece por acaso, e, repetimos, Deus não dá graça em vão.

Tome posse dos dons, então, e ande nos sulcos da beleza que nos foi designada.

Se eu estou no "*meu*", eu voo. Se entro no que não é "*meu*", tropeço.

Ao que não é "*meu*", posso ir sozinho, será um grande esforço e não vale a pena.

Naquilo que é o "*meu*", eu caminho com Deus, porque obedeço a sua bênção.

## Sexto dia: primeira parte
# O dom da humilhação

A nova vida é a Páscoa

> *Disse também Deus: Produza a terra seres viventes, conforme a sua espécie: animais domésticos, répteis e animais selváticos, segundo a sua espécie. E assim se fez. E fez Deus os animais selváticos, segundo a sua espécie, e os animais domésticos, conforme a sua espécie, e todos os répteis da terra, conforme a sua espécie. E viu Deus que isso era bom (Gn 1,24-25).*

O sexto dia é o mais longo e complexo, e vale a pena identificar duas seções, que são bastante distintas de uma frase luminosa, já usada em outros dias, que aparece no final da criação de animais terrestres – "*E viu Deus que isso era bom*", que no final de tudo, depois da criação do homem, Ele reaparece evoluído e enriquecido: "*Viu Deus tudo quanto fizera, e eis que era muito bom*".

As duas partes do sexto dia não são iguais; a primeira é quase uma premissa, mas uma premissa relevante.

É o último passo da criação, antes do homem e da mulher, na liturgia da vida que é este capítulo, e introduz os companheiros de viagem do homem na terra firme: os animais que habitam a terra.

Nesse texto, como em toda a Bíblia, não há uma palavra a ser descartada, e veremos que essa parte não deve ser absolutamente ignorada.

Estamos na jornada que revela o código da existência, e o tipo de vida que agora aparece tem um nome apropriado: chama-se vida terrestre. Deve-se ressaltar esse elemento porque há uma expressão a ser considerada:

> Produza a terra seres viventes, conforme a sua espécie (Gn 1,24).

O que é notável?

Nada, portanto, apenas um salto qualitativo: do reino mineral para o reino animal, sem passar pelo reino vegetal. Coisa leve.

*"Produza a terra seres viventes."* Claro, estamos na criação e não há limites para o poder de Deus, mas a vida aqui é produzida por uma estrada que não é qualquer uma. A vida nasce da terra.

O segundo relato da criação, no segundo capítulo de Gênesis, até mesmo derivará o nome do homem, Adão, em hebraico *adam*, da palavra "solo", "terra", "terra" e *"adamah"*.

Onde está o ponto?

A nossa jornada toma o paradigma das Sagradas Escrituras e a combina com a nossa vida espiritual. E em nossa vida profunda esta é uma experiência a ser reconhecida: muitas vezes há saltos de qualidade que têm uma fonte surpreendente: o que é inerte. O que não é vida.

Isso deve ser bem apreciado porque se trata de um licor precioso: em latim, o pó, o solo, é chamado húmus, e falamos do elemento principal do terreno. Aqui se diz que a terra produz vida.

Do inerte ao vital. Do que é desorganizado aos organismos vivos.

Para poder abrir essa perspectiva ao máximo, precisamos provocar um curto-circuito em outro texto.

Que o homem seja tirado da terra não é uma dedução etimológica, mas uma passagem muito específica do terceiro capítulo do Gênesis, que diz:

> E Deus disse ao homem: "Visto que atendeste a voz de tua mulher e comeste da árvore que eu te ordenara não comesses, maldita é a terra por tua causa; em fadigas obterás dela o sustento durante os dias de tua vida. Ela produzirá também cardos e abrolhos, e tu comerás a erva do campo. No suor do rosto comerás o teu pão, até que tornes à terra, pois dela foste formado; porque tu és pó e ao pó tornarás" (Gn 3,17-19).

Esse texto, mais do que uma maldição, é um diagnóstico em que Deus revela ao homem as consequências de seu ato, que o levará a um objetivo atroz: ele retornará ao pó, depois de ter reduzido tudo a uma coisa cansativa e hostil.

Não podemos entender essa passagem – ela é profunda demais para uma abordagem marginal como esta –, mas pelo menos vamos nos concentrar nisso: o desastre do pecado é apresentado por Gênesis como uma amarga transfiguração das coisas, ou degeneração *da vida ao pó*.

Este é um processo trágico, chave para a infelicidade humana: transformar a vida em lixo, degradando a existência em lixo, arruinando relacionamentos e fazendo-os morrer, desperdiçando graças e tornando-as sucata.

Os ferros-velhos que podem se tornar o panorama da vida humana, vendo a beleza violada, a inocência despedaçada e todo o potencial sublime do nosso coração degradado em atos de autoafirmação, mesquinhez e ansiedade que corrompem o relacionamento com as coisas, e impulsos desprezíveis que tomam a roda do coração, e ganância por possuir que se torna obsessão, e marés de insegurança que desembocam no orgulho. E os escombros de uma sociedade sem restrição. A beleza se torna lama.

A primeira parte do sexto dia é como um anjo feliz que faz soar seu alegre anúncio, a lógica exatamente contrária à de destruição: aqui é anunciado que vamos *do pó para a vida*.

Se aceitarmos que, com nossos pecados, transformamos a vida em morte, e estamos todos destinados a ser Adão, que de ser vivo torna ao pó, podemos levantar nossos olhos para o processo oposto, o novo homem, Jesus Cristo, cuja história não termina no pó; ao contrário: começa justamente ali. Jesus é aquele que começa do pó para ir à ressurreição.

É justamente isso que nós, cristãos, celebramos no luminoso paradoxo do ritual da Quarta-feira de Cinzas.

Vale lembrar: enquanto o destino biológico do homem são as cinzas, temos em nossa liturgia a proclamação do seu oposto na fase mais importante do ano litúrgico – e da vida cristã: a Quarta-feira de Cinzas, que é o primeiro passo de uma jornada que introduz a Quaresma e flui para a Páscoa e sua celebração, que continua até o Pentecostes. É o tempo dos tempos, é o coração do ano litúrgico. E começa com um ritual: colocar cinzas na cabeça. E esse sinal amargo não é o fim, mas o começo, porque esse rito de cinzas será resolvido em seu oposto, em sua negação: a ressurreição.

A Quaresma desencadeia o que constitui o nó fundamental da existência cristã, ou a vida que Deus extrai do nada, que se chama Páscoa, do hebraico *Pesah*, do verbo *pasah*, que significa: ir além, saltar.

Em todo ato cristão, se é verdadeiramente tal e não a medíocre aplicação de um catálogo de normas, se experimenta a Páscoa.

Amar e aprofundar o bem de alguém significa, para o pobre homem, saltar sobre um metro e oitenta e quatro do ego que tenho em mim como um obstáculo. Eu me encontro, porque Deus me dá o seu Espírito, para me driblar, para me relativizar, para saber como ignorar, surpreendentemente, a minha força centrípeta. Deus meu, em meio a mil misérias, descubro que devo simplesmente morrer para dar frutos. Ser capaz de ressurgir em comunhão, na alegria do verdadeiro bem dos outros. E, surpreendentemente, me vejo vivo como nunca, feliz como sempre, sendo eu mesmo como nunca.

Mas venho da morte. E naquela morte entreguei-me nas mãos do Pai celestial, acreditei no Senhor Jesus, deixei aquele que é Senhor dar a sua vida e dar-me a sua, de vida, em troca da minha, pela qual tanto temia; e só descubro depois que o que defendi – em meu egoísmo – foi apenas um ponto de partida para o que eu agora vivo, o que não é meu, é um dom com ar de eternidade. Valeu a pena me perder. Valeu a pena desistir. Valeu a pena confiar.

Onde você aprende essa ginástica? Que ginástica ensina esse salto, não em altura, mas em distância, para além? Seria uma técnica? Trata-se de algo a ser compreendido? Pode-se aprendê-la de uma vez por todas?

## O processo de marcescência

Não é uma técnica, e nós humanos nunca teremos intelecto suficiente para classificar sua lógica, mesmo que seja fundamental lembrar-se de ter sua sabedoria.

O fato é que sempre será surpreendente. Ela sempre nos descarrilará, sempre nos atormentará.

Sua escola primária será a humilhação. O colegial será a obediência. A universidade será a cruz. Mas sempre terá o mesmo desnível interno, o mesmo ritmo.

Para entender isso observamos um curioso fenômeno vital.

Na botânica, há o caso muito interessante da marcescência. Essa é a parte do processo de germinação de uma semente jogada no solo, que corresponde ao momento em que uma série de micro-

-organismos – presentes no solo circundante – atacam a semente para comê-la como parasitas. E parece que a semente, apodrecendo, perece... Mas não: precisamente esses pequenos animais que a estão destruindo a fazem transfigurar, e a semente se transforma em uma nova vida, é ela quem realmente devora os micro-organismos e os sintetiza pela raiz. E uma nova planta começa, a qual terá aprendido a comer sua nova vida daquele inimigo. Parecia um desastre e, em vez disso, foi uma páscoa.

O exemplo não é meu, é de São Paulo:

> Mas alguém dirá: Como ressuscitam os mortos? E em que corpo vêm? Insensato! O que semeias não nasce, se primeiro não morrer; e, quando semeias, não semeias o corpo que há de ser, mas o simples grão, como de trigo ou de qualquer outra semente. Mas Deus lhe dá corpo como lhe aprouve dar e a cada uma das sementes, o seu corpo apropriado (1Cor 15,35-38).

E mais adiante:

> Pois assim também é a ressurreição dos mortos. Semeia-se o corpo na corrupção, ressuscita na incorrupção. Semeia-se em desonra, ressuscita em glória. Semeia-se em fraqueza, ressuscita em poder. Semeia-se corpo natural, ressuscita corpo espiritual. Se há corpo natural, há também corpo espiritual (1Cor 15,42-44).

Mas Jesus diz ainda melhor:

> Em verdade, em verdade vos digo: se o grão de trigo, caindo na terra, não morrer, fica ele só; mas, se morrer, produz muito fruto (Jo 12,24).

Tirar novidade de vida de algo que nos destrói.

Primeiro de tudo, estamos falando de *humilhações*, um lugar primário de crescimento. E deixe-me esclarecer imediatamente que essa realidade não é um mecanismo, é uma oportunidade. Pode ser explorada, mas pode ser que não. Muitas vezes não.

Por que as humilhações devem ser usadas como uma maneira de se respeitar a si mesmo e recomeçar?

Por exemplo, o salmo usa expressões do tipo:
>Antes de ser afligido, andava errado, mas agora guardo a tua palavra (Sl 119,67).

E um pouco mais adiante:
>Foi-me bom ter eu passado pela aflição, para que aprendesse os teus decretos (Sl 119,71).

Nas humilhações há um antes e um depois, elas são um lugar de Páscoa e são ocasiões úteis para aprender a vontade de Deus.

E por quê?

Existem diferentes tipos de humilhações. Aproximadamente divida-os em dois lados: as que merecemos e as que não merecemos.

As mais comuns são as que merecemos. Eles são o momento em que a realidade bate a verdade em nossa face. São os redimensionamentos, a dor de descobrir que nos superestimamos, e são de intensidade diretamente proporcional à profundidade da história que contamos a nós mesmos. Decair do delírio de onipotência dói tanto quanto o delírio é agudo.

Bendita dor, porque nos humilha e abre as portas de uma mudança. Mas muitas vezes é em vista do fim de outra ilusão frequente, a da inocência. Descobrir um pecado pode causar muitos danos, mas é a graça do início da cura desse pecado. Essa amargura é melhor do que não ir embora imediatamente: ai dos usuários de analgésicos contra essa dor, porque o rápido alívio do trauma da descoberta do erro torna-se cárie da alma, e a pessoa fica certa sem se permitir ser ensinada por essa amarga descoberta.

Essa terra deve me fazer estragar, devo metabolizar a humilhação de um tolo que é meu orgulho, e devo me livrar dos fatos que me arrancaram as falhas que eu escondia, principalmente de mim mesmo.

São necessários impactos amargos com a verdade para tornar-se suave com sabedoria. O real dói para aqueles que estão fora da realidade.

Ser redimensionado é, na verdade, descobrir a própria estatura, nada mais. O que realmente dói nessas humilhações é o orgulho.

Como essas situações são benéficas! Que remédio poderoso para não viver em vão!

Mas quando chegam... elas nos pedem para morrer, para nos reconhecermos, para aceitar a verdade. Podem ser rejeitadas de duas maneiras principais: ou ignorando-as e continuando no delírio – geralmente culpando alguém – ou ficando preso ao infantilismo do *"eu não quero mais brincar"*, que é o refluxo gastresofágico do amor-próprio.

Mas e as outras humilhações, aquelas que não merecemos?

Estas são as mais preciosas, precisamente porque são injustas.

Se o salto em distância a ser feito nas primeiras humilhações é das mentiras para a verdade, aqui o salto é de nossas obras para as de Deus.

Uma premissa: as injustas humilhações, geralmente, são raras, e devem ser sempre verificadas, porque muitas vezes acontece que, o que chamamos de injustiça, acabamos por reconhecer que realmente as merecíamos, pertenciam ao primeiro grupo, não fomos vítimas.

Reconhecer o que vivemos como injustiça é algo realmente plausível, às vezes leva anos.

Vale a pena ter muito cuidado com todas as leituras de fatos em que nos vemos como vítimas. De várias coisas que me aconteceram anos atrás, hoje tenho uma leitura muito mais calma e reconheço que fui muito menos vítima do que pensava, e que procurei muitas coisas e, acima de tudo, me fizeram crescer muito. Foram Providência.

E este é o ponto.

Se as humilhações do segundo tipo são onde alguém se sente oprimido pelo mal – e geralmente alguém as rejeita alternadamente por piedade ou ódio daqueles que o humilham – o Senhor, ao contrário, tem o seu desígnio para nós.

Na encruzilhada de uma mortificação nos encontramos com uma indicação estranha do Google Maps do Evangelho, porque a voz do navegador dirá:

> Entrai pela porta estreita (larga é a porta, e espaçoso o caminho que conduz para a perdição, e são muitos os que entram por ela), porque estreita é a porta, e apertado o caminho que conduz para a vida, e são poucos os que acertam com ela (Mt 7,13-14).

Um mar de pessoas prefere virar para o caminho que leva à rejeição daquela amargura.

Poucos tomam o outro caminho. O apertado.

Para tomar esse caminho é necessário se abrir para uma hipótese: de que a nossa história é sempre e em todo caso uma história de salvação. Que Deus é Pai e que sua paternidade é onipotência e criação. Que há um mistério na história: as coisas são condicionadas pela nossa liberdade – que é real – mas tudo permanece sempre em suas mãos. E que Deus pode tirar o bem do mal. Pode tirar a vida da poeira. E se alguém está me machucando, Algum Outro saberá como se servir dessa situação. E, de suas mãos, eu não caio.

É por isso que se acolhe o fato de ser devorado por micro-organismos.

É aí que Deus realiza as maiores obras. Porque nessas situações somos impotentes e Ele pode enfim operar livremente.

Eu já escrevi em outro lugar que Deus colocou os maiores presentes da minha vida nas mãos daqueles que me feriram, e tudo estava no passar das minhas obras para o poder de Deus. No saltar em seus braços. E esperar por seus desígnios.

Eu perdi o trem do doutorado em julho de 1993 por uma objetiva falta de caridade de um irmão. Eu me vi diante disso feio e um pouco esquálido. Lembro-me da humilhação do telefonema do professor que, não sabendo por que eu perdi um compromisso acordado por meses para o qual ele tinha vindo a Roma em um julho de calor infernal, levantou a voz e me insultou sem parafrasear. A violência fervia dentro de mim e planejei uma vingança articulada e criativa. Mas pela graça eu pensei em rezar, eu também estava com medo da ferocidade que estava acordando dentro de mim.

E na oração me deparei com a carta de Tiago:

> Atendei, agora, vós que dizeis: Hoje ou amanhã, iremos para a cidade tal, e lá passaremos um ano, e negociaremos, e teremos lucros. Vós não sabeis o que sucederá amanhã. Que é a vossa vida? Sois, apenas, como neblina que aparece por instante e logo se dissipa. Em vez disso, devíeis dizer: Se o Senhor quiser, não só viveremos, como também faremos isto ou aquilo (Tg 4,13-15).

E alguém me disse no coração: "E se Deus decidiu que você não faz um doutorado? Diga-me: como Deus vai conduzir sua vida se apenas você planeja o que deve acontecer? E se Ele quisesse usar a fraqueza desse irmão para dar uma reviravolta à sua vida?"

Eu parei. Percebi que tinha de lidar com Deus. Lá e então eu tive paz com esse irmão – e daquele dia em diante tive uma serena simpatia por ele.

Eu não pensava mais nisso quando retomei minha atividade paroquial e me vi livre em setembro, porque o acordo com o professor tinha acabado de ser ignorado e eu tive de começar tudo de novo. Então pensei em finalmente fazer alguns retiros para os grupos de jovens que eu acompanhava.

De 9 a 12 e de 24 a 26 de setembro de 1993.

Nascia assim o caminho dos Dez Mandamentos.

Se aquele irmão não tivesse me tirado daquele trem para o meu doutorado, agora tudo o que veio poderia não ter acontecido. Vocações, casamentos, pessoas que saíram da morte de erros graves, sacerdotes que redescobriram sua missão, um exército de crianças que nasceram para a alegria de viver com seus pais e um mar de pessoas que retornaram à fé. Isso para se ter uma ideia...

Deus, inescrutavelmente, usou uma coisa desordenada para colocar minha vida em ordem e conduzir seus planos de salvação.

Que sabedoria é essa? Seria deixar as coisas funcionarem, deixar Deus fazer o seu trabalho mesmo no meio da injustiça? É o que você encontra em seu coração quando começa a experimentar a vida que surge da morte, a luz que surge de um momento de escuridão, a experiência de ver o poder de Deus que cria a partir do nada. Essa extraordinária dimensão é o fundamento da experiência pascal, que permeia toda a vida espiritual.

Toda manhã pode ser o alvorecer de uma vida pascal, onde podemos ver o poder de Deus. O paradoxo do sexto dia: "*Produza a terra seres viventes*" é uma experiência que deve ser feita e refeita: a terra inerte produz vida, novidade. As humilhações que nos redimensionam nos colocam de volta à verdade e aqueles que nos crucificam nos dão a oportunidade de nos entregar a Deus e fazê-lo fazer o seu trabalho.

Aqui a libido daqueles que estão me lendo é redefinida para entender algo interessante. Não há muito o que entender. Trata-se de morrer. A questão dos iniciantes em geral é: E se Deus não existe? Aqui, cabe acreditar para tentar, não o contrário, confiando para ganhar experiência.

Se um homem que está iniciando sua vida espiritual não se abre para valorizar suas humilhações, ele nunca começa. Sua vontade será sempre uma teoria. Talvez ele até compreenda abstratamente a vida nova, mas não a vive.

Israel escreve o primeiro capítulo do Gênesis porque aprendeu com a humilhação e está enfrentando na opressão – de um estrangeiro poderoso a quem o povo está sujeito – uma sabedoria mais profunda que não é deste mundo, mas que revela a beleza do próprio mundo, e a grita neste texto.

E que exercício fazer nesta primeira parte do sexto dia? Lembrar as santas humilhações. Lembre-se de todas as vezes que a vida nos colocou de volta em nosso lugar. E devem ser lembradas com calma, devem ser listadas.

E devemos lembrar aqueles fatos em que do mal que alguns parecem ter feito para nós, ou pelo menos por agora, parece-nos que Deus tirou um bem.

Na maior parte do tempo, quando fico zangado com um evento inesperado, então à noite tenho de admitir a Deus que seu projeto foi melhor do que o meu. Os exemplos seriam uma perda de tempo.

Mas essas pequenas e grandes páscoas devem ser mantidas em mente.

É por isso que vale a pena dedicar-se à memória das humilhações e registrar os bens que elas nos trouxeram.

E para aquelas que permanecem opacas cujos frutos custamos a ver? Por um lado, acontece que os desígnios de Deus têm tempos surpreendentes e, portanto, muitas vezes há que esperar a virada da Páscoa, há um sábado santo no meio que deve passar de acordo com o relógio de Deus, cujas badaladas são de acordo com o Reino dos Céus, não de acordo com nossa impaciência.

Mas, por outro lado, é sempre essencial confrontar alguém que tenha uma fé sólida, que nos conheça. Na realidade, absolutamente todos os exercícios feitos nesta aventura – como já mencionado – devem ser submetidos a um diretor espiritual, pelo menos nas conclusões.

Em síntese: se eu me lembro como certos tapas da vida me fizeram bem, e se volta ao meu coração o que experimentei quando em uma injustiça me abandonei nas mãos de Deus, pronto, a vida não me assusta mais, e estou construindo sobre bases sólidas.

Ao acolher uma humilhação de qualquer tipo, há sempre um salto qualitativo.

> Todo o que se exalta será humilhado; mas o que se humilha será exaltado (Lc 18,14).

# Sexto dia: segunda parte
## O dom da glória

O ser humano é belíssimo

> *Também disse Deus: "Façamos o homem à nossa imagem, conforme a nossa semelhança; tenha ele domínio sobre os peixes do mar, sobre as aves dos céus, sobre os animais domésticos, sobre toda a terra e sobre todos os répteis que rastejam pela terra". Criou Deus, pois, o homem à sua imagem, à imagem de Deus o criou; homem e mulher os criou. E Deus os abençoou e lhes disse: "Sede fecundos, multiplicai-vos, enchei a terra e sujeitai-a; dominai sobre os peixes do mar, sobre as aves dos céus e sobre todo animal que rasteja pela terra". E disse Deus ainda: "Eis que vos tenho dado todas as ervas que dão semente e se acham na superfície de toda a terra e todas as árvores em que há fruto que dê semente; isso vos será para mantimento. E a todos os animais da terra, e a todas as*

> *aves dos céus, e a todos os répteis da terra, em que há fôlego de vida, toda erva verde lhes será para mantimento". E assim se fez. Viu Deus tudo quanto fizera, e eis que era muito bom. Houve tarde e manhã, o sexto dia (Gn 1,26-31).*

Se alguém tivesse pulado o resto do livro para ver o que vamos dizer aqui sobre as questões que o texto sobre a criação do homem implica, ficaria desapontado. Este capítulo é o ponto culminante de uma jornada, não uma caverna de dados. Sem o caminho feito até agora, o que veremos agora é de pouca utilidade.

E se outra pessoa pensasse agora em encontrar um exame exaustivo desse texto, também ficaria desapontada, pelo menos por duas razões: a primeira é que não estou à altura disso – francamente, não sei quem estaria, mas certamente eu não estou. A segunda é que este livro tem um recorte muito preciso, não é uma exegese da primeira página da Bíblia, mas uma jornada na arte de reconstruir a existência, de recomeçar – ou de justamente começá-la.

Portanto, este é o momento para enfrentarmos a fase final de nossa jornada, o lugar do verdadeiro recomeço. Devemos ter cuidado para entender aonde este texto nos leva, para nos deixar dizer o alvo de um caminho de primeiro discernimento, com o claro objetivo de recomeçar o bem, a felicidade de uma pessoa. De fato, a parte principal do sexto dia é a entrega de uma dimensão: nossa glória. A luz da nossa beleza. Como que a dizer: fazer toda essa viagem valeu a pena.

O material que esta parte nos oferece é imenso; será necessário não desperdiçar a nós mesmos e fazer seleções para ir à substância de nosso caminho de reconstrução.

Iniciemos por detectar o que está nesta parte, em um nível macroscópico. Depois de criar os animais terrestres, Deus começa a falar novamente e usa uma expressão grandiosa emitida em um raro coortativo[39]:

> Façamos o homem à nossa imagem, conforme a nossa semelhança (Gn 1,26).

Uma sentença tão forte quanto toda a história humana.

O que se segue tem a força de uma explicação: O que significa que o homem tenha sido feito dessa maneira?

> Tenha ele domínio sobre os peixes do mar, sobre as aves dos céus, sobre os animais domésticos, sobre toda a terra e sobre todos os répteis que rastejam pela terra (Gn 1,26).

Domínio. Teremos de entender melhor, aqui só revisamos o conteúdo.

Encontramos imediatamente uma interrupção no texto, saímos do discurso direto para inserir palavras de ritmo diferente que contêm a repetição redundante do verbo para criar. O verbo "criar", em hebraico *bará*, é usado cinco vezes em todo o primeiro capítulo, e três estão neste único versículo:

> Criou Deus, pois, o homem à sua imagem, à imagem de Deus o criou; homem e mulher os criou (Gn 1,27).

Se ouvimos que Deus criou o homem, isso é repetido mais duas vezes estigmatizando-o: "*à sua imagem, à imagem de Deus o criou; homem e mulher os criou*". Para aumentar o peso da repetição,

---

[39] O coortativo é uma forma verbal de imperativo indireto e explica o plural – que tantas belas interpretações suscitaram, mas que não devem ser superestimadas. Nós também raramente o usamos: se, por exemplo, eu quero expressar autoimposição para fazer alguma coisa, eu uso expressões como: "Vamos fazer essa coisa!" Digo isso no plural – mas não por derivação dicotômica – porque estou usando o coortativo, que é naturalmente formulado na primeira pessoa do plural. No entanto, continua a ser uma expressão forte e evocativa.

usa-se uma figura retórica de grande energia: Ele criou à imagem – à imagem criou, tecnicamente é chamado *quiasma* ou figura a-b-b-a: é uma canção infantil mnemônica, tem a energia de um *slogan* que é plantado em sua cabeça.

Com base nisso surge uma determinação específica: cria homem e mulher. E ele repete o esquema da segunda parte do quiasma, de modo que chega a uma outra força expressiva, literalmente: "*à imagem de Deus o criou; homem e mulher os criou*", o objeto direto passa para o plural.

Não se preocupe, eu não vou deixar a restrição que eu impus a mim mesmo ao longo do livro, de não entrar nos detalhes técnicos, mas é importante notar que estas são palavras mais equilibradas do que as outras, provavelmente houve um tratamento oral de pouca importância, como um lema dito e repetido até que ganhou toda a força de que precisava.

Ou seja: são palavras ainda mais incisivas do que as outras, a prosa não é suficiente para elas, é preciso subir para o nível da poesia.

Portanto, depois do parêntese poético, Deus recomeça a falar e a segunda palavra de Deus é uma bênção que, como no quinto dia, tem o conteúdo da fertilidade:

> E Deus os abençoou e lhes disse: "Sede fecundos, multiplicai-vos, enchei a terra e sujeitai-a; dominai sobre os peixes do mar, sobre as aves dos céus e sobre todo animal que rasteja pela terra" (Gn 1,28).

Há mais dois elementos se comparados às bênçãos sobre os animais do quinto e sexto dia, de não pouca conta: o mandamento não é apenas para serem fecundos, mas também para subjugarem a terra e dominar as outras criaturas vivas.

Isso já havia sido anunciado na primeira palavra, e deve ser enfatizado: a tarefa de dominar as criaturas é reiterada duas vezes.

Por enquanto, paremos por aqui e verifiquemos novamente: encontramos três elementos principais:

- Deus cria o homem à sua imagem, é o primeiro dado, e passa a repeti-lo mais duas vezes na parte poética.
- O segundo elemento é o mandato de dominação e governo sobre a terra e as criaturas vivas. Diz-se como uma segunda indicação tanto da primeira como da segunda palavra pronunciadas por Deus.
- Então aparece o terceiro mandamento de Deus, que é o núcleo da bênção da vida biológica – já vista tanto na quinta como na primeira parte do sexto dia – para ser fecunda, multiplicar-se e encher a terra.

Existir à imagem e semelhança de Deus, tendo a tarefa de governar a terra e as criaturas, sendo fecundos e gerando mais vida.

Essas são as três luzes que recebemos para nossa jornada.

Para visualizá-las podemos pensar em três aspectos dinâmicos. Existe um elemento *a quo*, o ponto de partida; então há o *caminho* a percorrer; finalmente há o termo *ad quem*, o alvo a ser alcançado.

Há uma *fonte* do nosso ser – constituídos imagem de Deus, temos um *caminho* a percorrer – o governo com autoridade da realidade criada; e temos um *alvo* – gerar vida, dar existência aos outros.

Aqui está a jornada que faremos: compreender a nós mesmos por meio desses três aspectos.

## Imagens e imaginários

Temos parentesco com a glória de Deus, trazemos em nós sua imagem e sua semelhança. Além de milhares de outras análises que podem ser feitas, esta é a afirmação central, repetida, incisiva:

> Também disse Deus: Façamos o homem à nossa imagem, conforme a nossa semelhança; tenha ele domínio sobre

> os peixes do mar, sobre as aves dos céus, sobre os animais domésticos, sobre toda a terra e sobre todos os répteis que rastejam pela terra. Criou Deus, pois, o homem à sua imagem, à imagem de Deus o criou; homem e mulher os criou (Gn 1,26-27).

De mil metas que posso dar a mim mesmo na vida, certamente nunca estarei longe da verdade se me orientar a ser eu mesmo.

E para dizer a verdade, todos os desastres humanos poderiam ser resumidos na traição mais devastadora que as pessoas conseguem pôr em prática: trair a si mesmas. Mas o que significa trair a si mesmo?

Em outro lugar já mencionamos a indicação latente na Parábola do Filho Pródigo:

> Então, caindo em si, disse: "Quantos trabalhadores de meu pai têm pão com fartura, e eu aqui morro de fome! Levantar-me-ei, e irei ter com o meu pai, e lhe direi: 'Pai, pequei contra o céu e diante de ti'" (Lc15,17-18).

Retornar a si mesmo – para este homem – significa redescobrir-se como filho de um pai bondoso. Mas se esse homem voltar a si, onde estava antes?

E por que o sexto dia enfatiza que essa é a identidade do homem? Qual seria sua outra possível identidade?

Pelo menos existem dois "eus". O real e o falso.

Toda a nossa jornada neste livro é uma operação de libertação do *falso eu*. Todo o esforço, desde as primeiras evidências e prioridades, passando pelos limites, distinguindo as inspirações e as sugestões, e capitalizando graças e humilhação, se resume no esforço da jornada para si mesmo sob o olhar terno de Deus, que, assim, nos vê infiéis ao que Ele nos deu, assim tão transviados de nossa glória.

Sim, este é o ponto: somos uma coisa muito bonita, este é o motor da alegria de ser e a fonte de amor para com aqueles que nos rodeiam.

Em hebraico, a *glória* é "*kabod*" e significa, literalmente, *peso*, indicando a substância, o peso específico de uma coisa.

No século II, disse Santo Irineu de Lyon:

> *Gloria Dei vivens homo* [A glória de Deus é o homem vivo] (*Adv. Haer.*, IV, 20,7).

Nas raízes da fé cristã existe uma intuição que funda as melhores antropologias: se Cristo aceitou se encarnar, sofrer, morrer e ressuscitar por nós, não pode ser que sejamos uma coisa tão ruim.

Deus não nos vê com o olhar da Senhorita Rottermeier; mas como a diz liturgia cristã:

> Amando-o até o fim, amastes nele nossa humilde condição[40].

De fato, se esse texto tem validade, somos feitos à imagem e segundo a semelhança de Deus e, portanto, somos dotados de um peso específico, que é uma glória, aquilo que se assemelha a ela, aquilo que tem sua imagem. Que glória seria essa?

Às vezes proponho aos jovens a seguinte pergunta: O que você diz, Deus ama mais a você ou a São Francisco? Alguém pensa por um tempo e depois responde: Ele nos ama igualmente, é claro. Isso nos faz pensar muito, mas é algo inquestionável.

Agora, vamos nos perguntar: Deus ama mais a mim ou a Jesus Cristo?

Pausa. Embaraço.

Que coisa... eu nunca pensei sobre isso. Eu nunca fui tão longe.

Está tudo lá. Meu "*verdadeiro eu*" não é um mérito, não é um esforço, não é uma estratégia. É uma obra de Deus, é a minha vida. Eu sou amado, por padrão. Essa é minha identidade.

O que seria o "*falso eu*"? Tudo que em mim não acredita no que foi dito acima.

---

[40] Do prefácio VII do Tempo Comum.

O filho pródigo cai em si ao pensar bem sobre seu pai e como ele trata seus servos. Eu caio em mim mesmo quando penso bem de Deus e penso bem dele quando penso nele como pai. Em vez disso, eu me perco quando penso mal de Deus, e não penso nele como Pai, porque penso mal da minha origem. E isso se torna uma vida de mérito, de esforço, de estratégias. Essa é uma forma de pensamento para órfãos autoprovidentes, necessidade de afirmação – nos modos mais desesperados – do próprio ego. É a matriz essencial do medo: o terror do abandono, o pânico da solidão, gravada em um nível profundo da minha estrutura.

Nesse ponto, sou forçado a ser egoísta, individualista. Porque não tenho glória, não tenho peso específico, sou tão leve quanto minhas habilidades, tanto quanto a força que tenho para não me afogar em qualquer coisa, e todo o meu limite me assusta porque eu não posso me dar ao luxo de ser vulnerável. E já que com esse cenário me esvazio, preciso me projetar em posses, sucessos, prazeres que me escravizam, porque sem eles não tenho espessura. Não tenho substância. Esse é o saldo final do *"falso eu"*. Como o ego do filho pródigo antes de ele cair em si, quando se encontra alimentando os porcos sem pão para comer.

Tudo se assenta em uma mentira esquelética de uma estrutura feita de medos – em todos os medos do nada. De onde isso começa?

O filho pródigo fugiu de casa porque reivindicava sua autonomia:

> Certo homem tinha dois filhos; o mais moço deles disse ao pai: Pai, dá-me a parte dos bens que me cabe. E ele lhes repartiu os haveres (Lc 15,11-12).

Em grego, a palavra *bens* é *ousia*, que é uma forma substantiva do verbo ser: o ser, a substância – até em italiano podemos usar a palavra *sostanze* [substância] para *bens*.

Nós poderíamos traduzir, de uma maneira estritamente literal:

> Pai, dá-me a parte de ser que me cabe.

O pai lhe dá o que ele pede. E como isso é uma separação do pai, então também é necessário ficar longe do pai. Eu pedi *do ser* que me cabe, é claro que também quero do *estar* que me cabe:

> Passados não muitos dias, o filho mais moço, ajuntando tudo o que era seu, partiu para uma terra distante e lá dissipou todos os seus bens, vivendo dissolutamente (Lc 15,13).

Escusado será dizer que, no lugar de *bens*, o texto usa a mesma palavra que antes, e, portanto, o texto grego é literalmente:

> e lá dissipou todo o seu ser, vivendo dissolutamente.

O que significa "dissolutamente"? O termo grego é asotōs, que é uma palavra composta de um alfa privativo que precede um termo derivado do verbo sōzō, que significa salvar. Na verdade, a tradução dissoluta é precisa: sem salvação, sem solução. Um viver sem saída, sem fuga. Um viver como o inferno. Esse homem pensava estar no caminho do ser e, em vez disso, ele tomou o caminho para o nada.

Tudo isso remonta à história do engano da serpente em Gênesis:

> É certo que não morrereis. Porque Deus sabe que no dia em que dele comerdes se vos abrirão os olhos e, como Deus, sereis conhecedores do bem e do mal (Gn 3,4b-5).

A pretensão de autonomia total e maus pensamentos sobre o pai são o mesmo ato estimulante de autoesclarecimento. Mas é o caminho para o nada.

E para entender como se estrutura o nosso *"falso eu"*, convém enfatizar o fim que a serpente oferece, o alvo a ser alcançado:

> Sereis como Deus.

Assim, caído no meio do discurso, está o profundo e perverso centro da narrativa. O que me diz quem me convida a ser *como Deus*? Que assim como sou as coisas não dão certo. Não é bom que Eva seja Eva, ela deve tentar ser outra coisa. *"Mas, querida filha, o que resta para mim, naturalmente? Você não quer crescer? Tenha um pouco de ambição saudável, minha garota, evolua, cresça, progrida*". E isso realmente significa: "*Seu nível é baixo demais; você foi malfeita, não está indo bem*".

Precisar ser como Deus é inerentemente precisar jogar fora o que se é. É ser diferente de você mesmo. E essa necessidade torna-se, de formas mais sofisticadas e escondidas, uma recusa de si mesmo que, porém, surge como uma ansiedade por si. O orgulho, o amor-próprio são na realidade um ódio de si mesmo.

A ponto de corroer de dentro o desejo de viver e de recomeçar.

Mas então por que recomeçar? Porque vale a pena! Porque debaixo de todo esse caos existe algo mais! O "*falso eu*" é apenas uma estrutura construída para amontoar a verdade e tentar apagá-la; mas essa verdade permanece ali, humilde, simples, a nos esperar, como o pai da parábola que nos aguarda.

No fundo do nosso ser há algo mais: o "*eu verdadeiro*". A imagem segundo a semelhança de Deus, está sempre lá. Ela espera pacientemente que nós entremos em nós mesmos.

Quando anuncio o Evangelho, busco essa verdade no coração das pessoas – e é realmente fácil evangelizar, porque a verdade está lá, esperando para ser posta em dúvida. Enterrada sob os escombros de estratégias autodestrutivas – vangloriada por caminhos de sucesso, posse e prazer – espera pelo espírito das pessoas, que é a imagem de Deus impressa nas raízes do ser. O desejo de viver, a intuição serena da existência de alguém. O desejo de amar. A glória de Deus que é o homem vivo.

Podemos entrar um pouco mais no conteúdo dessa identidade, da nossa glória?

Imagem segundo a semelhança de Deus.

É vital fazer uma pergunta: E como é a imagem de Deus? Devemos nos perguntar isso porque – intrinsecamente ao que acabamos de ver – há uma coisa: que, para destruir a vida de Eva, a serpente está preocupada em destruir a imagem de Deus nela. A serpente desenha um minúsculo deus, despótico, mentiroso. competitivo. A imagem de um vencedor individualista.

Esse não é o Deus de Israel. No máximo poderia ser Zeus ou um deus cananeu, como Moloc ou Baal.

Se essa imagem ganha terreno no coração humano, então a pessoa é engaiolada por dentro em uma mentira. E isso terá uma autoimagem consequente.

São Cirilo de Jerusalém, Pai da Igreja do século IV, diz:

> A fé é uma representação interior que tem como objeto Deus. É um entendimento íntimo, que a mente, iluminada por Deus, consegue ter de sua essência na medida permitida[41].

E, considerando que a imagem que tenho de mim deriva da imagem que tenho de Deus, mesmo que eu seja ateu ou qualquer bípede da convicção mais absurda, em todo caso me considero bem-feito ou malfeito de acordo com um parâmetro interno; é isso que eu acredito ser verdadeiro, belo, bom. Falo de alguma forma de absoluto, como eu o percebo. Essa é a tortura de falsas autoimagens que derivam, precisamente, de um modelo inconsciente de verdade, beleza e bondade. E se a imagem que tenho do absoluto, que é de Deus, é uma lorota, corro por uma estrada tortuosa.

Para ficar claro: da imagem inconsciente de Deus desencaminhada pela serpente mencionada deriva a imagem de um indivíduo vencedor individualista, e essa imagem me mede e me coloca em contradição. E mata-me o amor no coração. Porque esse parâmetro é incompatível com um pai ou cônjuge ou com um amigo. Ou até com um sacerdote.

Dessa imagem-Zeus nasce a imagem de uma mulher para ser uma estrela sedutora, muito forte e absolutamente autônoma e in-

---

41 SÃO CIRILO DE JERUSALÉM. *Catequese 5, sobre a fé e o símbolo*, 11; PG 33,519.

dependente, e, se assumo esse parâmetro, quando serei feliz? Que tipo de relacionamento estabelecerei com outras mulheres senão de rivalidade latente? E que tipo de função eu darei a um homem? Que tipo de mãe eu serei? Nenhuma mulher é realmente esse monstro, mas é infeliz consigo, porque não pode ser esse monstro. Felizmente – mas ela não sabe.

O diabo trabalha para implantar em nós – de modo geral inconscientemente – uma imagem roubada de Deus. Tendo feito isso, o resto é apenas uma consequência e a pessoa se destrói por si só, porque seus parâmetros são destrutivos...

## Quem sou eu para Você?

Mas qual é a imagem de Deus à semelhança da qual somos realmente criados? Quem é o verdadeiro Deus?

Vamos fazer uma pequena viagem e pegar um dado do início da Carta aos Hebreus:

> Havendo Deus, outrora, falado, muitas vezes e de muitas maneiras, aos pais, pelos profetas, nestes últimos dias, nos falou pelo Filho, a quem constituiu herdeiro de todas as coisas, pelo qual também fez o universo. Ele, que é o resplendor da glória e a expressão exata do seu Ser, sustentando todas as coisas pela palavra do seu poder (Hb 1,1-3).

O Filho, o Senhor Jesus, é *"o resplendor da glória e a expressão exata do seu Ser"*.

No Evangelho de João, na última ceia, Jesus fez uma oração ao Pai e num dado momento disse:

> Eu te glorifiquei na terra, consumando a obra que me confiaste para fazer; e, agora, glorifica-me, ó Pai, contigo mesmo, com a glória que eu tive junto de ti, antes que houvesse mundo (Jo 17,4-5).

Jesus revela a glória do Pai cumprindo sua obra – tudo centrado em sua "*hora*", a Páscoa – e revelando a glória que Ele mesmo tinha antes que houvesse o mundo.

Vamos ver o que é essa obra que revela a glória que há entre o Pai e seu bendito Filho:

> Ora, antes da Festa da Páscoa, sabendo Jesus que era chegada a sua hora de passar deste mundo para o Pai, tendo amado os seus que estavam no mundo, amou-os até o fim (Jo 13,1).

Amar até o fim. Amar até as últimas consequências. A Primeira Carta de João declara:

> Amados, amemo-nos uns aos outros, porque o amor procede de Deus; e todo aquele que ama é nascido de Deus e conhece a Deus. Aquele que não ama não conhece a Deus, pois Deus é amor. Nisto se manifestou o amor de Deus em nós: em haver Deus enviado o seu Filho unigênito ao mundo, para vivermos por meio dele (1Jo 7,7-9).

Deus é amor. Essa é a sua glória. Essa é a sua substância. Jesus Cristo crucificado e ressuscitado é a visibilidade dessa glória.

Se eu sou feito à imagem de Deus segundo a sua semelhança, também eu sou amor. O amor é a minha verdade. Na verdade, serei eu mesmo justamente quando amo, quando sirvo, quando dou minha vida por alguém. O pecado não é minha verdade. O pecado é meu "*falso eu*".

O Testamento de São Francisco de Assis – no latim do próprio Francisco – começa com estas frases:

> *Dominus ita dedit michi fratri Francisco incipere faciendi penitentiam. Quia cum essem in peccatis nimis michi videbatur amarum videre leprosos* [Foi assim que o Senhor concedeu a mim, Frei Francisco, começar a fazer

penitência: como eu estivesse em pecados, parecia-me sobremaneira amargo ver leprosos[42].

Uma coisa deve ser notada: Francisco diz: *"cum essem in peccatis – como eu estivesse em pecados"*, em vez de dizer: *"cum essem peccator – como eu fosse um pecador"*. Por quê? Recebi uma épica nota máxima em História Medieval quando estudava Letras na Universidade La Sapienza de Roma – alguns meses depois de ter me tornado cristão novamente – por dar esta resposta ao Prof. Raul Manselli: Para Francisco de Assis, o homem é uma coisa linda; ele não é *pecador*, ele está *no pecado*. Quando sai do pecado, o homem é ele mesmo.

Obrigado, São Francisco, pela nota máxima! E obrigado porque, embora amargurado na fé, a percepção desse ponto no estudo desse texto fez algo libertador em meu coração – nesse momento meu contexto eclesial era completamente estranho a uma intuição luminosa como essa. Não foi por acaso que fui batizado aos 4 de outubro, Festa de São Francisco! Por muitas vezes em minha vida São Francisco se deu a conhecer, essa foi uma delas.

O que deve ser compreendido aqui é que, se eu quiser recomeçar, há um centro brilhante para todo o discernimento que terei de fazer: que sou precioso e meus erros não dizem a minha verdade.

Em hebraico, a palavra *conversão* vem da raiz *shub* que, etimologicamente, significa *retornar à boa origem*. Do que se deve partir para uma leitura válida de si mesmo? No fundo, desde o começo do livro estamos dizendo: deve-se partir da conversão para a própria preciosidade, da volta para si mesmo, para o *"eu verdadeiro"*, e abrir-se ao não pensar mal da própria existência.

Há um versículo do Evangelho de Mateus que eu adoro repetir aos jovens:

> Não deis aos cães o que é santo, nem lanceis ante os porcos as vossas pérolas (Mt 7,6).

---

42 Tradução em *Fontes franciscanas e clarianas*. Petrópolis: Vozes/FFB, 2008, p. 188.

Eu sou algo santo. Há outro texto do próprio Mateus que pode nos ajudar:

> O Reino dos Céus é também semelhante a um que negocia e procura boas pérolas; e, tendo achado uma pérola de grande valor, vende tudo o que possui e a compra (Mt 13,45-46)

Muitos anos atrás, um dos meus colaboradores, Luca Teofili, hoje casado e pai, e também músico e professor, jovem à época, decodificou essa passagem de maneira marcante: todos egocêntricos, pensando sermos o comerciante, crendo que temos de renunciar a tudo pelo Reino dos Céus, claro que é verdade... mas o comerciante é Cristo, e eu sou a pérola! Foi Cristo que veio me procurar, e quando me encontrou deu tudo para me comprar, derramou seu sangue por mim.

Eu sou a preciosa pérola de Cristo.

Quem sou eu para Cristo? Quem sou eu para o Pai do céu? Que o Espírito Santo me diga, que Ele sussurre para mim, que Ele me revele esse mistério.

Mil vezes gritei para os jovens: só Deus sabe quem você é! Só Cristo sabe quem você é! Estas são as palavras da primeira homilia do Papa João Paulo II:

> Não tenhais medo! Cristo sabe bem "o que é que está dentro do homem". Somente Ele o sabe![43]

Quantas vezes tive de ajudar os jovens – e não só jovens – a descobrir quem eram e a mostrar-lhes que só Cristo sabe disso ao máximo. Minha verdade é meu batismo, minha verdade é o que Deus Pai criou e redimiu em Cristo.

Não se trata de uma licença para deixar as coisas como estão, isso não subestima o pecado; pelo contrário, em certo sentido o

---

43 Homilia do Papa João Paulo II no início do seu pontificado, domingo, 22/10/1978 [Disponível em http://w2.vatican.va/content/john-paul-ii/pt/homilies/1978/documents/hf_jp-ii_hom_19781022_inizio-pontificato.html – Acesso em 10/07/2019].

torna ainda mais grave, porque não é mais apenas a transgressão de um código externo, mas a traição da minha verdade, a deserção da minha própria beleza. Quanto mais eu entendo qual é o meu valor, tanto mais isso me irrita, me incomoda, me enoja. E, acima de tudo, me afasta do Pai.

Um belíssimo dito dos Padres do Deserto do século IV:

> Um ancião disse: "O esforço e a solicitude de não pecar têm apenas um propósito: não afastar da nossa alma Deus que nela habita"[44].

Eu preciso ter Deus a falar comigo, dizendo-me quem sou. Um salmo diz:

> A ti clamo, ó Senhor; rocha minha, não sejas surdo para comigo; para que não suceda, se te calares acerca de mim, seja eu semelhante aos que descem à cova (Sl 28,1).

Se não é Deus quem me diz quem sou, eu afundo no nada.

Então é bom que eu acolha o que Deus diz sobre mim.

Aqui, na esteira de Santo Agostinho[45] e de São Francisco[46], para esta parte do sexto dia vale a pena fazer o exercício de se colocar

---

44 CAMPO, C. & DRAGHI, P. (orgs.). *Detti e fatti dei padri del deserto*. Milão: Rusconi, 1994, p. 32.

45 "Quem me dera descansar em ti! Quem me dera que viesses a meu coração e que o embriagasses, para que eu me esqueça de minhas maldades e me abrace contigo, meu único bem! Que és para mim? Tem piedade de mim, para que eu possa falar. E que sou eu para ti, para que me ordenes amar-te e, se não o fizer, irar-te contra mim, ameaçando-me com terríveis castigos? Acaso é pequeno o castigo de não te amar? Ai de mim! Dize-me por tuas misericórdias, meu Senhor e meu Deus, que és para mim? Dize a minha alma: Eu sou a tua salvação. Que eu ouça e siga essa voz e te alcance. Não queiras esconder-me teu rosto. Morra eu para que possa vê-lo para não morrer eternamente" (*Confissões*, I, 1.5).

46 Os *Florilégios* atestam que Francisco, estando no Monte Alverne, rezava: "Senhor, quem sois vós e quem sou eu? Vós, o Altíssimo Senhor do céu e da terra; e eu um miserável vermezinho, vosso ínfimo servo!" (*Fontes franciscanas*, 1.915; cf. a edição em português: *Fontes franciscanas e clarianas*. Op. cit.). Francisco pede a Deus a graça de poder conhecer a si mesmo diante dele. Essa oração desembocará na alegria dos Louvores do Deus Altíssimo.

diante do Santíssimo Sacramento ou de um Crucifixo – adoro fazê-lo diante de uma reprodução do Santo Sudário – fazendo silêncio por um tempo, e depois correr os olhos pela parábola mencionada da preciosa pérola de Mt 13,45-46 e, lentamente, repetir a pergunta: *Quem sou eu para ti?* E então respirar. E mais uma vez: *Quem sou eu para ti?* E respirar. E assim por diante, até chegarem as lágrimas, até chegar à verdade, até que você experimente a contrição perfeita, até que chegue aquilo que Deus quer que chegue. E então levante-se da oração lembrando seu coração: "Não dar aos cães o que é santo, *nem lançar ante os porcos as tuas pérolas*".

E repita essa oração. Sempre que necessário. E lentamente, enquanto eu me pergunto quem eu sou para o Senhor Jesus e seu bendito Pai, essa oração desencadeia a misericórdia e a compaixão por nossos irmãos. E isso proporciona grande consolação.

Então será possível se colocar em busca do que há de belo a se fazer.

## A beleza do masculino e do feminino

Mas chega a hora de enfocar a última linha da poesia da criação do ser humano.

> Criou Deus, pois, o homem à sua imagem, à imagem de Deus o criou; homem e mulher os criou (Gn 1,27).

Imagine, há certamente alguém esperando por mim nessa anotação; como escapar disso?

Dado que este não é um livro de apologética, mas uma jornada para a reconstrução da vida como o começo do discernimento, certamente este versículo está longe de ser trivial.

> Homem e mulher os criou.

Longe da pretensão de explicar tudo o que está contido nessa declaração, devemos recordar as maravilhosas catequeses de São

João Paulo II sobre o ser feito homem e mulher à imagem de Deus, todas aquelas maravilhosas audiências que ele fez na primeira fase de seu pontificado[47]. – Eu era um jovem recém-convertido e as descobri por acaso, quando ele já havia terminado o ciclo – e fui tão ajudado pelo seu magistério, acima de tudo para assumir o lindo desafio da masculinidade, e para compreender e estimar com alegria a feminilidade.

E o *"verdadeiro eu"* é masculino e feminino. Além de todas as discussões em que não é necessário entrar aqui, eu me acolho como masculino, e você como feminina, é um dado que nos alcança, com todas as suas prerrogativas e sua reciprocidade. A vida vem do encontro entre homem e mulher, e aqueles que negam esse encontro negam a vida.

É uma questão vital para entender que se trata de Deus me dar a masculinidade, dar-lhe a feminilidade, e que nisso está a filigrana da nossa beleza. Meu parentesco com a imagem de Deus se dá por meio da masculinidade, o seu ocorre por meio de sua feminilidade.

A masculinidade é maravilhosa e fala de Deus, é um chamado que pode ser compreendido apenas se espelhado com a feminilidade que, de igual modo, fala de Deus. Eu, por exemplo, sou sacerdote, e isso não significa nenhuma redução da minha identidade masculina. Eu sou convocado por esse versículo para a aventura da masculinidade.

Para ser padre, preciso da energia de um homem e, como um cônjuge, sou constantemente chamado a crescer no amor esponsal. Exatamente como um marido tem de viver o grande desafio de proporcionar a felicidade à sua mulher, também eu, como sacerdote, tenho a maravilhosa missão de amar minha Igreja.

Meu chamado me leva à masculinidade: preciso cortejar minha esposa, devo amá-la com toda a minha força masculina, devo

---

[47] Uma coletânea pode ser encontrada em: JOÃO PAULO II. *Homem e mulher o criou* – Catequese sobre o amor humano. Guarulhos: Edusc, 2005.

apoiá-la, devo surpreendê-la, devo fazê-la se sentir amada, compreendida, aceita. Não devo desapontá-la e devo ser seu baluarte. Ela deve me encontrar pronto para ela e eu tenho de ser confiável, e é uma alegria vê-la sorrir. Do que estou falando? Da assembleia para a qual anuncio o Evangelho.

Eu sou homem na tenacidade para preparar o melhor para minha amada, no pensar sempre nela. O que quer que aconteça comigo, estou sempre procurando se há algo nisso que poderia dar alegria à minha esposa. Sei que ela é frequentemente fraca, e sei que tenho de esperar várias vezes, mas ela muitas vezes me surpreende.

Vejo-a sempre bela, mesmo quando está triste, mesmo em suas imensas fraquezas. É um dom que Deus me deu pelo qual todo agradecimento a Deus nunca será suficiente. Preciso saber como entrar em seu coração, em sua alma e acariciá-la. Cuidar dela é a melhor coisa da minha vida.

E ela é fecunda e faz de mim um pai, porque pode fazer algo que não posso: conceber e gestar a vida. Eu sei como fertilizar, ela sabe conceber. Tudo o que faço faz sentido se ela tira o melhor de mim. Porque eu vivo para ela. Essa é a essência da minha experiência como sacerdote. Isso é ser homem. Quando eu evangelizo, faço essas coisas. E ao edificar a Igreja, encontro o que permanece em cada momento como a coisa que mais me importa e penso ao fazer as coisas mais estranhas: como amar a esposa que Deus me deu. Como servir melhor aos jovens que Deus me confiou.

Com esse vigor, lancei-me para educar na fé o pequeno grupo de jovens, pouco mais que os adolescentes que Deus me confiara, e então vieram mais e mais, centenas, milhares. Havia – e há – pouco para inventar: apenas amá-los, como um noivo.

Onde eu aprendi isso? De Cristo, Ele me amou tanto. E da própria Igreja: fui amado dessa maneira. E eu tenho uma dor aguda na minha alma: oxalá tivesse amado mais! Não estou tão interessado no bem que passou por minha pessoa; sou grato, mas em meu coração tenho certeza de que poderia amar mil vezes melhor. Muito melhor.

Se você se apaixonar, se você é um homem, o que você dá à sua noiva sempre lhe parece pouco. E assim é para o meu coração. Cristo me ensinou a ser homem. Estou feliz com isso, agradeço-lhe.

E ao mesmo tempo eu vejo a glória de Deus brilhando em muitas irmãs maravilhosas, esplêndidas, doces, sábias, brilhantes, belíssimas, com uma capacidade sublime de sustentar seus homens, com uma paciência que um homem nunca saberá ter, com um olhar carinhoso que entende o que realmente deve ser entendido sobre as coisas e as pessoas.

Sua energia vem de uma força que não é muscular, mas é a capacidade de resistir ao impacto da vida. Nenhum homem suportaria a dor do parto. Dentro de cada mulher há uma mãe muito carinhosa e séria que presta atenção à substância. E, mesmo assim, olham com quanta benevolência os homens que sabem ser tão superficiais e infantis.

As mulheres, constitutivamente, são profundas, interiores, partindo da sexualidade e mantendo o verdadeiro amor pela vida. Vamos tentar contar os assassinatos e encontraremos os homens ganhando tragicamente a estatística. Um homem pode ser insensível, uma mulher só consegue ser assim com muita dificuldade. É difícil para ela porque ela "*sente*" a vida.

A serpente é astuta e ataca a mulher, porque ao atacá-la ataca a vida. Se ela colapsar, tudo entra em colapso. Também no Apocalipse, no décimo segundo capítulo, reaparece a antiga serpente que se choca contra a mulher; e é lógico, porque destruir a mulher é destruir a humanidade.

Que tipo de mundo será aquele em que a mulher está desistindo de ser mãe? Simplesmente não haverá mundo nesse caso. E se as mulheres não nos trazem a ternura, onde a encontraremos? E se as mulheres não amarem a vida e quem nos ensinaria a fazê-lo? O amor é feito de detalhes, atenções, pausas, expectativas, consolações e acolhimento. E isso é o coração feminino.

O masculino tem uma energia própria, que sabe explorar, propor, abrir, custodiar e muito mais. E o feminino tem sua força específica que sabe como intuir, acolher, cuidar, tranquilizar, deixar crescer e muito mais.

Mas a beleza pode permanecer só estética! Pode-se possuir um dom grandioso, mas completamente servil ao narcisismo.

Se *"homem e mulher os criou"*, a conjunção deve ser notada. Em hebraico, como em português, há diferença entre a partícula *e* – em hebraico *waw* – e a partícula *ou* – que em hebraico é quase idêntica – *'o*.

Para ser pedante, *e* consiste em uma conjunção copulativa positiva, enquanto *o* é uma conjunção disjuntiva.

Deus não criou o ser humano homem *ou* mulher, mas homem *e* mulher. E o plural – *os* criou – especifica que são o resultado do mesmo ato.

Se a humanidade fosse genérica e fosse ou masculina ou feminina, essas vidas seriam independentes e seriam meros indivíduos da mesma espécie.

Note-se bem que na história da criação o homem é o único tipo de vida que não atende à definição de *"espécie"*. Desde a vida vegetal, tudo é *"conforme a sua espécie"*, mas não o homem. O homem é relacionamento, e essa conjunção positiva indica que em seu código ele tem a nota da conjugalidade. De fato, repetimos, a vida humana nasce do encontro entre masculino e feminino.

Todas essas coisas belas que dissemos acima, se não se tornarem atos esponsais, são coisas que se tornam estéreis ou mesmo perigosas.

Casar-se. Unir-se. Não é algo que envolva somente os noivos, mas a todos. Em todo ato eu sou alguém que se conjuga ou alguém que cuida do próprio nariz.

Usamos expressões como: "*Eu me casei com essa causa*", ou "*você não se casou com essa ideia*" – casos interessantes de matrimônios mistos...

Alguém se casa, entrega-se às coisas, une-se às coisas ou não. Você faz alguma coisa casando-se com ela ou mantendo-se alheio a ela? Há pessoas que são legitimamente casadas por toda a vida, mas nunca se entregaram, são um *ou*, não um *e*. Estou justaposto às pessoas, não me uno com elas. Toda a vida pode ser uma *performance* fria ou um casamento caloroso. Um sacerdote ou se lança por inteiro nas coisas que faz, ou se torna um profissional, frio como o mármore.

Então Deus nos deu essa característica esponsal: podemos nos unir às coisas, podemos nos doar nas coisas que fazemos. Nós não operamos nada válido a menos que estejamos dentro dessa conjunção *e*. Todo ato humano está aberto ao amor, à comunhão ou é um engano.

Mas, para além do desafio vital da vida afetiva, com o que mais devemos nos unir?

## Pratos para lavar

Aqui está o segundo aspecto:

> Também disse Deus: Façamos o homem à nossa imagem, conforme a nossa semelhança; tenha ele domínio sobre os peixes do mar, sobre as aves dos céus, sobre os animais domésticos, sobre toda a terra e sobre todos os répteis que rastejam pela terra (Gn 1,26).

O verbo *dominar* é apresentado nesse versículo como a realização da imagem conforme a semelhança. No texto hebraico usa-se uma raiz verbal *radah* que segundo especialistas indica um *domínio* exercido com estas características:

> ...o senhorio do homem é uma posição de poder concedida por Deus ao homem e deve servir para a estrutura da ordem divina. A dominação do homem deve ser positiva para a parte dominada e, ao exercê-la, o homem deve dar uma boa prova de si mesmo como homem e permanecendo humano[48].

Assim, entendemos que o domínio não é tirania mas boa governança, serviço, valorização.

Domínio. Poderio. Governo. O ser humano – homem e mulher – tem seu próprio poder. Toda pessoa tem um governo para exercitar e, ao fazê-lo, exerce sua semelhança com a imagem de Deus.

Comecemos com um exemplo negativo. Há algo perturbador na resposta que Caim dá ao Senhor que o questiona sobre seu irmão Abel, a quem ele acaba de matar:

> Disse o Senhor a Caim: Onde está Abel, teu irmão? Ele respondeu: Não sei; acaso, sou eu guardião de meu irmão? (Gn 4,9).

Assim falam os assassinos de todos os níveis. Os assassinos geralmente dizem coisas como: "É problema seu".

Acaso sou guardião do meu irmão? Vamos refletir bem. Sim, claro. Seria Caim o guardião do irmão mais novo, Abel? Claro que é! Todo irmão mais velho tem esse instinto. É aqui que a autoridade de alguém é traída, quando os relacionamentos são um *ou* – como foi dito antes – quando, portanto, são rivalidade, competição. E essa é a abominação dos relacionamentos. Porque todo homem é um guardião de alguém, toda mulher é uma guardiã.

---

[48] *Grande Lessico dell'Antico Testamento*. Vol. 8. Bréscia: Paideia, 2008, p. 222 [Tende-se a usar a palavra "cuidado" para se referir a esse domínio narrado no Gênesis. De modo que o ser humano estaria recebendo a tarefa de cuidar da criação – N.T.].

Que "*domínio*" Deus me deu? De quem sou guardião? Todos, absolutamente todo mundo, tem alguém para cuidar. Até mesmo seu companheiro de prisão.

E não só isso.

Eu tenho qualidades que me concedem o governo sobre alguma coisa. Há sempre algo bom que eu posso fazer, e só eu posso fazê-lo. Ninguém no meu lugar. É o lugar onde mostrei minhas habilidades. Há algo de que eu cuido. Ou não.

Eis que há uma geração que levanta as mãos, que tem como lema "*acaso sou eu guardião de meu irmão?*" Pessoas que desfilam, exércitos de desengajados, amantes das funções sem riscos, processadores de desculpas bem estudadas, pilotos da pista de saída das coisas. Em Roma, eles dizem: "*fare le cose con la mano sinistra*" [fazer as coisas com a mão esquerda], e não se trata de um ditado aplicado a canhotos, mas a destros. Ele quer dizer aqueles que fazem mal as coisas, sem amor, sem cuidado.

É viver no mínimo, sem pisar no acelerador; é folhear a vida e nunca a ler completamente, sem profundidade, sem envolvimento. É uma vida de *coffee-breaks*. Sem perseverança, sem resistência.

Viver sem considerar as coisas.

Esta não é uma bronca moralista, que também não serve a nenhum propósito. Mas é um convite para acordar e não perder o trem de beleza.

Até mesmo as coisas sublimes, se feitas por homens descuidados, são uma porcaria.

Mas o oposto também é verdadeiro: as coisas menos relevantes, se feitas com amor, tornam-se sublimes.

Um dos momentos mais importantes do renascimento da minha vida, o que me trouxe para o sacerdócio – após uma fase de impasse amargo na época da minha formação – nasceu de uma pequeníssima coisa. Eu estava em um momento de crise profunda, pensei ter entendido mal a tudo, eu tinha desintegrado o gosto da minha aventura e me vi diante de um vazio. Alguns dias antes tínhamos falado disso com o reitor, e havia uma escuridão total.

Eu estava lavando os pratos. Fui sozinho para a pia; os colegas me trouxeram pilhas de pratos. Já que a máquina de lavar louça não podia suportar o ritmo dos números do refeitório, alguém deveria se sacrificar para lavá-los, mesmo à mão. Eu escolhi esse serviço porque poderia ficar sozinho. Eu precisava disso. De costas para os que passavam, pude me dar ao luxo de chorar. Escorriam-me as lágrimas como um rio. E naquele dia parei por um momento. Eu peguei outro prato e me deu na telha de olhar para ele. E pensei: O que resta? O que resta da minha vida? Não entendo mais meu passado e meu futuro me assusta. E o Espírito Santo passou. Olhei para o prato e pensei: só tenho este prato para lavar. Eu não sou mais nada. Eu só posso lavar este prato. Lavei. Coloquei para secar e peguei mais um. E me perguntei: O que é este prato? Um momento de hesitação e a resposta veio: é um irmão que nos devorará por dentro. E pensei: não tenho luz sobre o passado e temo o futuro, mas tenho um presente. E meu presente é este: lavar um prato para um irmão. Isso eu posso fazer bem. Isso é tudo que tenho.

Algo estalou dentro de mim. Lavei o prato com cuidado. Então outro. Depois mais um. Eu tinha entrado na realidade. No dia seguinte, voltei para ao meu lugar para ver se ainda estava tão luminoso para lavar a louça. E continuava assim. E perguntei se eu poderia continuar além da minha vez. Comecei a fazer coisas assim. Com amor, fazendo bem. E limpava o banheiro que usava com outro seminarista; e varria a sala; e estudava aquela disciplina que não me atraía; e assim agi com todos os fragmentos individuais da realidade. Peguei um por um. Prato por prato.

Eu havia descoberto meu poder.

Comecei a sentir uma nova paz para entrar nas coisas. Eu era tão pobre que não tinha nada a não ser o único instante, e não podia me dar ao luxo de fazer uma confusão; o que era, era. E eu estava sereno. Era um prato para lavar para um irmão. Dois anos depois, tornei-me padre pacificamente e em silêncio. Deixando as coisas me levarem de prato em prato aonde a Providência queria.

De prato em prato, cheguei até aqui.

É bom entrar nas coisas. É bom fazer as coisas bem. Quanto mais faz isso, mais feliz você é. É bom ver alguém feliz por um serviço que você fez para eles. E é bom mesmo quando ninguém lhe agradece. Ainda mais.

Porque o trabalho é lindo em si mesmo. E se alguém duvidar, fale com uma pessoa desempregada. Um desempregado sofre muito com as preocupações econômicas, mas o nível mais profundo de seu desconforto é sentir-se inútil. Um idoso sofre muito se ninguém precisa dele.

Trabalhar é amar. O núcleo do trabalho é o serviço, não o lucro. O ganho é a consequência, não a substância do trabalho. Se, por um lado, defraudar a recompensa correta aos trabalhadores é um pecado que grita diante de Deus, ou um dos pecados mais graves – o *Catecismo de São Pio X* costumava dizê-lo e o *Catecismo da Igreja Católica* o repete – por outro lado, trabalhar apenas para ganhar é a patologia do trabalho. Se o trabalho não é voltado para a beleza do serviço, o único dia que faz sentido é quando lhe pagam, e voltamos à mediocridade que descrevi anteriormente. Imagine quão triste pode ser aquele que assiste um paciente apenas por dinheiro, ou limpa uma estrada apenas por dinheiro, ou cozinha só para ganhar, ou administra uma empresa apenas para enriquecer.

Em vez disso, é belo exercitar a própria habilidade; é algo que queremos desde crianças. Construir algo, fazer algo belo. E tudo se embeleza.

Repito: é bom trabalhar mesmo quando ninguém lhe agradece.

Vale a pena assinalar uma frase do Evangelho:

> Assim também vós, depois de haverdes feito quanto vos foi ordenado, dizei: Somos servos inúteis, porque fizemos apenas o que devíamos fazer (Lc 17,10).

Normalmente, a interpretação é a de uma humildade que atinge o desprezo do próprio trabalho. Ser servos que não servem para nada. Na verdade, o texto grego não diz exatamente isso. O termo *inútil* é uma tradução do termo *achreios* que assume o significado de inutilidade, mas vem do sentido de *"alguém que não deve ser pago"* – se você pensar sobre isso é precisamente a etimologia da palavra *inútil* –, sem utilidade, sem ganho. Significa: quando se fez tudo o que foi ordenado – quer dizer, por Deus –, então se deve dizer: E você ainda quer me pagar? Era o que deveria fazer. É uma graça trabalhar!

São Paulo diz do seu ministério:

> Se anuncio o Evangelho, não tenho de que me gloriar, pois sobre mim pesa essa obrigação; porque ai de mim se não pregar o Evangelho! Se o faço de livre-vontade, tenho galardão; mas, se constrangido, é então a responsabilidade de despenseiro que me está confiada. Nesse caso, qual é o meu galardão? É que, evangelizando, proponha, de graça, o Evangelho, para não me valer do direito que ele me dá (1Cor 9,16-18).

Proclamar gratuitamente o Evangelho é a recompensa.

O trabalho é bom por si mesmo, porque é o espaço próprio do amor fraterno. E é o jeito de ser eu mesmo e, portanto, de amar. Eu tenho habilidades e as coloco em ato e sirvo a alguém.

Discernir sobre isso é muito importante: é uma questão de voltar ao exercício do quinto dia, quando fizemos a lista das graças de nossa vida, e aqui é bom enriquecer essa lista com a lista de nossos poderes. Devemos andar no caminho da nossa autoridade, das nossas habilidades.

Há alguém e algo que me preocupa, o que posso fazer, minhas oportunidades, aquelas em que sei fazer bem alguma coisa. Estamos no campo da busca por aquilo que realmente existe.

É preciso caminhar na própria autoridade. Bater os pênaltis que a vida nos concede. E muitas vezes o trabalho do maligno não é levar-nos a fazer o que fazemos bem, mas para nos atirarmos em outras coisas, mesmo que sagradas, como já vimos.

Você tem uma esposa e a ama, bem-aventurado! Tem um filho: eduque-o! Tem um amigo: visite-o! Tem um corpo: cuide dele! Pode fazer uma coisa bem: faça-a! Tem algo a fazer? Faça o melhor que puder! Dê o gás da vida! Entre nas coisas! Pegue o que você tem em suas mãos!

Por que dizer isso? Por reprovação? Não! Mas porque você não é trivial! Porque se Deus lhe deu essa possibilidade, isso significa que Ele confia em você. Assuma a confiança que Deus depositou em você!

Coma, fale, ande, ouça, e tudo: faça isso de verdade!

Porque vale a pena. Porque isso é viver.

Nossas prerrogativas, por si mesmas, não são afirmações do nosso ego, mas uma responsabilidade maravilhosa. De fato, é bom viver de acordo com a graça recebida, colocando-a a serviço dos outros:

> Sede, mutuamente, hospitaleiros, sem murmuração. Servi uns aos outros, cada um conforme o dom que recebeu, como bons despenseiros da multiforme graça de Deus. Se alguém fala, fale de acordo com os oráculos de Deus; se alguém serve, faça-o na força que Deus supre, para que, em todas as coisas, seja Deus

> glorificado, por meio de Jesus Cristo, a quem pertence a glória e o domínio pelos séculos dos séculos. Amém! (1Pd 4,9-11).

Todo mundo tem um poder real, baseado na realidade imediata, enquanto a serpente o faz procurar por um poder falso baseado em hipóteses. Se você ficar no mundo real, será maravilhoso; se você ficar de fora dele, será grotesco, ridículo, falido, dramático.

E alguém poderia dizer: E qual é o poder de uma criança que sofre de Síndrome de Down? Dar seu afeto incondicionalmente, revelando o melhor de si mesma. Ela tem o poder de convocar aqueles que a rodeiam para o amor.

Que poder teria cada um de nós? Ser à imagem de Deus e, portanto, com um governo. Cada um de nós tem um governo do qual não devemos desistir. Fala-se de exercer uma multiforme graça de Deus, não de um poder.

Como passa a graça de Deus pela minha pessoa? Passa pela sua finalidade. Isso quer dizer?

É hora de seguir para o último aspecto.

### O céu são os outros

Eis que chegamos à bênção:

> E Deus os abençoou e lhes disse: "Sede fecundos, multiplicai-vos, enchei a terra" (Gn 1,28).

Aqui está o estágio final do discernimento de primeiro nível: gerar vida. O parâmetro extremo de tudo o que vimos é a vida dos outros. Tudo o que dissemos é uma jornada da solidão ao relacionamento. Tudo o que você faz, para recomeçar, tem um termo que avalia tudo: verificar se isso leva você a gerar vida.

O amor é a luz que nos guia no reconhecimento das primeiras evidências, e o amor é a verdadeira prioridade; o outro é o meu limite abençoado; toda inspiração é um movimento de amor, porque vem do Espírito Santo que é amor; humilhações, se aceitas, as tornam capazes de atos pascais, que são atos de amor; as próprias bênçãos são identificadas colocando-se no rastro da manifestação do amor em nossas vidas. Resumindo: o parâmetro de tudo é a vida dos outros. É a fecundidade.

Não sou eu quem deve dizer se estou fazendo um bom caminho, mas quem está próximo de mim. É para este que se deve colocar essa pergunta. Porque minha essência de homem é minha capacidade de gerar vida.

A minha paternidade.

Esposo ou esposa, porque homem e mulher, inicialmente, e então capazes de concretizar meus poderes no cuidado daquilo que Deus me dá; mas o termo último é que eu sou pai ou mãe.

A jornada da pessoa humana é de filho a pai, de filha a mãe. Tornar-se pai é a meta da maturidade masculina, e tornar-se mãe é a perfeição da evolução feminina.

Muitos continuam filhos, filhas. Um filho é aquele que recebe, um pai é aquele que dá. Uma mãe é quem se importa, uma filha pede cuidados. Muitos permanecem enredados na incompletude, na sede de vida, na pretensão de receber o cuidado. É um estalo, o da maternidade-paternidade, que requer a perda do eu, o fim da autorreferencialidade.

Alguns homens sabem ser amantes prestativos, mas são péssimos guardiões de suas esposas e filhos. São apenas imaturos.

Algumas mulheres são belíssimas, atraentes e talentosas, mas são escravas do próprio ego, e não sabem como cuidar de alguém com continuidade.

Atualmente, temos certamente mais mulheres maduras do que homens maduros. E, enquanto muitas moças estão preparadas para o casamento, são poucos os rapazes nessas condições. E isso é trágico.

Se há alguém que está em crise hoje, estes são os homens; mas isso é pago pelas mulheres, em muitos aspectos.

Esse é um processo histórico no qual os homens têm destruído a si mesmos atacando a autoridade por rivalidades – nos últimos séculos – e minando-a pelas raízes, esvaziando-a de toda dignidade. Então as mulheres tiveram de preencher esse vazio e, às vezes, deixando-se tomar pela tentação masculina pelo poder, permitindo que os homens desapareçam com frequência. E agora faltam homens. Mas enquanto as mulheres são mais capazes de permanecer fiéis às suas raízes, e no fim das contas há mães, faltam-nos pais. Porque precisamos de um caminho integral.

A mãe é um sim, o pai deve saber ser um não. O pai e a mãe são como uma porta que é defesa contra o lado de fora e proteção para o lado de dentro.

Gosto muito de uma passagem de um livro do psicólogo Roberto Marchesini:

> O pai – como escreveu Sigmund Freud (1856-1939), pai da psicanálise – é quem estabelece um limite; a mãe eliminaria todos os obstáculos no caminho da criança; o pai testifica que há algo mais importante do que o ego; para a mãe, nada é mais importante do que a criança; o pai nos ensina a sofrer, a mãe tomaria sobre si toda infelicidade da criança; o pai educa para pagar, a mãe gostaria de extinguir com a vida toda dívida da criança; o pai lembra a renúncia, a mãe sonha que a criança seja poupada de toda privação; para a mãe, a vida da criança é sagrada, pelo pai a vida deve ser sagrada (sacrificada) para os outros, ou para algo ainda mais sagrado; a mãe dá a vida, o pai tem a tarefa desagradável mas necessária, de repetir "*memento mori*", "lembre-se que você deve morrer". A mãe ensina a viver; o pai ensina a morrer depois de ter dado um propósito à própria vida e, portanto, ter vivido com honra. Se não há nada que valha a pena gastar a vida, é isto que vale a vida: nada. Quantos jovens literalmente morrem por nada, isto é, depois de

uma noite de entretenimento vazio? Quantos suicídios de nossos adolescentes e jovens são a reação daqueles que não sabem como lidar com um fracasso? Quantos assassinatos de mulheres jovens são causados por um "não" dito àqueles que nunca receberam tal resposta, e que pensavam que todo desejo deles era uma ordem para os outros?[49]

Palavras pesadas, graves. O mundo precisa de pais. Na Igreja, as vocações não faltam, isso é apenas o resultado de outro problema: estamos perdendo adultos. Estamos perdendo pais. E eles não estão faltando na Igreja, estão faltando no mundo. E, especularmente, temos o risco de mães hipertrofiadas, onipresentes, oniscientes e onipotentes. Onívoras.

Mas "*pai*", "*mãe*" são os nomes de duas relações.

Adão se compreende como homem diante de Eva no capítulo sucessivo do Gênesis (cf. Gn 2,18-24). Somente no relacionamento somos nós mesmos. O outro faz com que você seja você mesmo, o outro propicia o melhor de você, o outro finalmente faz você sair da mentira. O embrutecimento deriva da falta de relações.

Há certas coisas que só podem ser feitas longe dos outros e basicamente apenas na hipocrisia muitos pecados podem ser cometidos.

São os outros que me fazem ser eu mesmo, são os filhos que fazem os pais.

Carlo Ancona, um meu colaborador, que é médico, disse uma vez: "Quando voltei do hospital com minha esposa e minha primeira filha recém-nascida, no fundo esse serzinho era um estranho. Eu disse para mim mesmo: Mas eu amo essa coisinha aqui? Ela era basicamente como um hóspede. Então ela teve um grave ataque de coqueluche.

---

49 MARCHESINI, R. *Quello che gli uomini non dicono* – La crisi della virilità. Milão: Sguardo, 2011, p. 17-18.

Não estava respirando. Tivemos de levá-la para a sala de emergência. Passei uma noite esperando meus colegas me dizerem como ela estava, com todos os sérios riscos envolvidos. Chorei por uma noite. Ao voltar para casa com ela em meus braços, tornei-me seu pai".

Quando meu filho precisa de mim, eu me torno pai, tendo um relacionamento com ele. Torna-se meu filho quando choro por ele, sofro por ele. Quando estamos sozinhos, só podemos cair no pior de nós mesmos e sair do amor, porque só o amor é a nossa verdade; e amor é relacionamento, o verbo amar é transitivo.

Só o amor explica nossa existência, eu sou eu no amor. O amor é o ponto de chegada da minha jornada humana, só o amor me identifica, somente quando amo consigo andar a toda velocidade; quando sirvo, eu floresço.

Deus não é uma divindade abstrata, Ele é inevitável e inequivocamente pai. E em sua misericórdia resplende sua maternidade.

A recusa da masculinidade é a rejeição da paternidade e, portanto, da feminilidade.

Todos os atos da vida que não estão em relação são falsos. Todos os atos individualistas onde os outros não são incluídos são mentiras. Na Igreja, esses são chamados de pecados; são distorções da natureza humana.

O pecado não é verdade, o pecado é uma mentira da vida humana. Segue-se que não tenho outra identidade autêntica além das relações que mantenho; de fato, até mesmo Deus não é Deus, e ponto-final, mas Ele é Pai, Ele é Deus o Pai. Deus e ponto-final não nos interessa; isso é filosofia, não salva ninguém.

Como Pai, Ele é criador e todo-poderoso. Nós não entendemos sua onipotência, porque a separamos de sua paternidade. Se fôssemos onipotentes, impediríamos imediatamente o mal e, para isso, teríamos de acabar com a liberdade, transformando o mundo em uma gaiola, em uma prisão; em vez disso, Ele é o todo-poderoso como Pai e, nessa chave, Ele é o criador. Ele não fez as coisas de maneira que tudo fosse igual: Quer ver se um pai está feliz por ter oito filhos todos idênticos? Não, todos são diferentes, porque Ele é pai, porque os ama pessoalmente, um por um.

Deus é Pai, é relação.

Do pecado em diante, estamos preocupados com nós mesmos e isso invalida nossa autenticidade, e perdemos o fato de que só existimos, realmente, enquanto somos para alguém; do contrário não somos.

Os surdos-cegos sendo surdos são também burros e, portanto, não têm nenhuma relação, e o que acontece? Que você tem que começar a falar com eles por meio do tato e do olfato. Existe uma linguagem que percorre os dedos. Uma amiga que cuida dessas pessoas me disse que certa vez uma mulher surda-cega, falando com os dedos, dizia: meus irmãos estão esperando uma palavra. Eram os outros surdos-cegos. Estamos certos disso?

Se você não recebe uma palavra, você *não é*, se você não conseguir fazer chegar uma palavra a alguém, você *não é*. O pecado nos convence de que devemos nos separar dos outros. Mas somos todos pessoas cegas-surdas que se alegram se uma palavra lhes vem e podem finalmente dizer uma palavra a alguém.

A frase "Em verdade te digo que hoje estarás comigo no paraíso" (Lc 23,43) é de uma profundidade abissal. Todos pensam que o mais importante seja o paraíso. Não, o mais importante é o *"comigo"*. Comigo você estará no paraíso, estar no céu significa estar *comigo* – o céu não é estar em um só lugar, mas estar com alguém.

O ponto de chegada de tudo é a fecundidade, que é a vida dos outros: que alguém existe por sua causa, que alguém cresce por sua causa, que alguém é feliz por sua causa. Isso é fecundidade.

Esta é a última pergunta, a que me perguntarei antes de morrer: Dei minha vida por alguém? Eu dei a alguém uma verdadeira felicidade? Isso vai me pregar, vai me dizer a verdade da minha existência.

Vendo chegar o meu último dia, não vou me perguntar se fui bem-sucedido, se gostei, se consegui o que queria. Eu vou me perguntar se fiz algo de bom para alguém.

Terei vivido verdadeiramente se minha resposta for sim.

Ter a marca da natureza divina dentro de si, ter a imagem de Deus significa ser frutífero, querer gerar vida, buscar a vida, guardar a vida, cultivá-la.

A fecundidade parece-me ser o mais claro dos princípios do discernimento.

Uma das coisas mais inúteis é fazer discernimento para entender *quem sou eu*, mas a verdadeira questão é: para *quem eu existo*? Ser feliz comigo mesmo – para mim mesmo e só isso – será meu horror. Se no final eu não me abrir para ninguém, nem sou ninguém.

Eis o exercício para chegar ao alvo: ser tocado pela pergunta *para quem eu existo*?

Olhe em volta e comece a responder.

Um jovem pode direcionar toda a sua vida à sua fecundidade.

Pela salvação que para nós está no Senhor Jesus, podemos dar frutos e buscar a vida, e não sermos sugados para o vazio do nosso ego.

Isso levará a questionar cada linha de ação na vida: Existe alguém no final daquilo que estou fazendo, ou sou somente eu? Eu quero fazer isto: A quem isso vai me levar?

Há atos fecundos e atos estéreis. E essa luz deve sempre ser mantida acesa.

Partimos em vista de recomeçar, descobrimos que recomeçar não significa apenas recomeçar, mas também desistir. E mais...

Romper com o desleixo, afastar-se de falsas prioridades, parar de rejeitar limites, desobedecer a influências, não seguir maldições, não ser atrelado ao que não é "meu", quebrar imagens falsas de Deus e de si mesmo, não invejar as habilidades dos outros. São todos atos estéreis.

A reconstrução termina na fecundidade: começamos com a nossa vida e chegamos à vida dos outros. Nossa cura é a felicidade dos outros, a única alegria é aquela que você adquire, a única riqueza autêntica é aquela que você doa; as coisas que você tem e que você não pode dar são aquelas que possuem você; em vez disso, as coisas que você dá são as que você de fato tem, porque você decide, e isso mostra o fato de que você as pode doar.

Em última análise, isso é a cura, porque não se tem mais um ego pesado e faminto, tornou-se fecundo e, curiosamente, finalmente se tornou ele mesmo.

> O homem chega a si, ultrapassando-se a si. Ora, Jesus Cristo é o homem que se ultrapassou a si e que assim chegou completamente a si[50].

---

50 RATZINGER, J. *Introdução ao cristianismo* – Preleções sobre o símbolo apostólico. São Paulo: Herder, 1970, p. 189.

# Rumo ao sétimo dia
## O dom do alimento

Uma dieta para ficar livre

> *E disse Deus ainda: Eis que vos tenho dado todas as ervas que dão semente e se acham na superfície de toda a terra e todas as árvores em que há fruto que dê semente; isso vos será para mantimento. E a todos os animais da terra, e a todas as aves dos céus, e a todos os répteis da terra, em que há fôlego de vida, toda erva verde lhes será para mantimento. E assim se fez. Viu Deus tudo quanto fizera, e eis que era muito bom. Houve tarde e manhã, o sexto dia (Gn 1,29-31).*

Nós não nos esquecemos do final do sexto dia. É o fim da nossa aventura, deve ser visto por si.

Tem dois aspectos, e as primeiras respostas para uma pergunta sacrossanta que alguém poderia fazer: E se eu pudesse viver todas as coisas que foram ditas, então? Como faço para não ser destrutivo e infértil?

O que aparece macroscopicamente no final do sexto dia é o dom do alimento.

O tema da nutrição será crucial. Se vemos aqui que o dom do alimento se apresenta como a culminação do ato de criação, e o sinal da providência paterna de Deus, será precisamente no tema do comer mal que o homem perderá sua glória apenas dois capítulos além nosso texto. E se tornará uma sombra de si mesmo.

Não por acaso, é a comida que será a primeira tentação de Jesus no deserto.

A relação pai-filho passa pelo pão, tema central também na oração do Pai-nosso, e a última ceia será repetida na Eucaristia. Jesus diz no Evangelho de João: "*Eu sou o pão que desceu do céu*" (Jo 6,41) e o paraíso será apresentado por vários textos como um banquete.

É o suficiente para entender que este é um tópico vital, e como não poderia ser, dado que falamos de comida?

Para o que precisamos agora é bom focar na necessidade de nutrir a vida bela, e devemos "tranquilamente, comer o nosso próprio pão" (2Ts 3,12). Alimentar o bem.

Caso contrário, todos os passos saudáveis podem ser frustrados.

Por outro lado, o mais difícil em geral não é perder peso, mas permanecer magro...

Há uma passagem do Profeta Isaías que pode ajudar:

> Eis que a virgem conceberá e dará à luz um filho e lhe chamará Emanuel. Ele comerá manteiga e mel quando souber desprezar o mal e escolher o bem (Is 7,14-15).

Desprezar o mal e escolher o bem. É quando o discernimento funciona. Esse é o fruto de um processo de discernimento.

E, curiosamente, o texto relaciona nutrição e discernimento. Comerá manteiga e mel para aprender discernimento.

E qual é a dieta? O que a manteiga e o mel representam?

Com um grupo de jovens, muitos anos atrás, passamos alguns dias a nos perguntar pelo significado disso, e eles encontraram os dados para a resposta.

A manteiga é a parte gordurosa do leite, a parte mais nutritiva desse alimento fundamental desde os primeiros dias de vida. O mel é a forma histórica de adoçante – o açúcar aparece mil anos depois desse texto[51].

Então, o doce e o nutritivo são a comida do Emanuel.

Comer o bom e o nutritivo para chegar à sabedoria. É assim que nos tornamos sábios. Para se tornar capaz de distinguir é necessário comer coisas boas e substanciais.

É claro, se pensarmos bem: se alguém quer se tornar um conhecedor de vinhos, ele não bebe vinho em *tetrapak*. Se você bebe vinho barato, quando lhe derem um Amarone parecerá muito forte. E se você está acostumado a vinhos brancos de 2,5 euros, será inútil lhe oferecer um Roero Arneis.

Mas se você está acostumado a um Brunello di Montalcino, quando eles lhe dão um vinho insosso, imediatamente você reconhecerá do que se trata. Você tem um bom parâmetro.

Você quer se tornar um especialista em pintura? Devem apresentá-lo a verdadeiras obras de arte. Se por toda a sua vida você viu apenas pintores de final de semana, você não saberá distinguir entre uma obra de arte e uma crosta.

Se uma pessoa está acostumada à nobreza, ela não tem atração pelo simplório.

---

51 O açúcar, derivado da cana, para aqueles que não sabem, apareceu na Arábia a partir do século III d.C., e começou a ser cultivado regularmente apenas a partir do século VII. O tempo do Profeta Isaías foi o século VIII a.C. O açúcar extraído da beterraba só aparece a partir de 1747. Dois mil anos depois de Isaías. Tudo bem que ele era um profeta, mas não vamos exagerar.

Se alguém cresceu com alimentos genuínos, está ansioso pela vida e imediatamente sente quando as coisas são artificiais.

Certa vez tive amigos de uma vila de pescadores e tentei em vão fazer com que eles comessem peixe, porque eles disseram: por favor, esqueça, vocês romanos não sabem o que é peixe fresco.

Se alguém come porcaria, não lhe ofereça coisas refinadas, pois não as apreciará.

Você quer criar uma criança com um senso de beleza? Apresente-a lentamente às coisas mais belas, as mais verdadeiras.

Se uma pessoa está acostumada à clareza, coisas obscuras a entediam.

É do bem que se aprende. Errando se aprende, sim, mas somente que se errou. Se você quer aprender alguma coisa, procure por aqueles que sabem como fazê-la.

Então, o caminho para permanecer na beleza é se alimentar de beleza. Comer o que é bom e nutritivo.

Eis o último exercício: faça a lista de coisas que nos são benéficas. E mantenha essa lista sempre ao alcance, para estendê-la e acima de tudo para usá-la. Lembre-se e repita as coisas que nos ajudaram outras vezes a encontrar o caminho certo.

Coma bem. E não coma mal.

Se comeu mal em um restaurante, você não volta lá, não é mesmo? Então, se algo o machucar, não o repita.

O que eu sempre gostaria de ter tempo para fazer é compartilhar com os jovens as coisas belas – de todos os tipos – que a Providência me concedeu. Isso também é evangelizar. Gastar tempo explicando um mosaico pode educar a vida cristã muito mais do que se pensa.

De fato, historicamente, a Igreja sempre foi um lugar de arte.

Vamos nos nutrir regularmente com coisas belas, com atos belos, e o feio não terá nada de interessante. Sigamos os sábios, os humildes, aqueles que sabem amar. Para continuarmos na beleza.

* * *

E aqui está o fim, a última palavra da história da criação, a última nota do DNA da realidade, a que inaugura o sétimo dia, da alegria, da consolação e do descanso.

> Viu Deus tudo quanto fizera, e eis que era muito bom. Houve tarde e manhã, o sexto dia (Gn 1,31).

Em todos os dias, exceto no segundo, essa frase apareceu; em alguns até duas vezes, mas aqui, e somente aqui, o advérbio *muito* aparece.

Depois que Ele criou o ser humano, e depois que Ele terminou a criação, o ser humano e toda a criação são muito bons.

Toda a nossa jornada foi redescobrir isto. Que somos uma coisa muito boa. Nós o vimos de mil maneiras.

É o motor da salvação, é o ponto de partida para reconstruir, é a coisa a defender quando se recomeçou, é o que precisamos cultivar no próximo.

Qualquer que seja a pessoa que venha a nós, ela deve ser capaz de encontrar em nós alguém que a ajude a redescobrir sua própria beleza.

Todo pai tem esta tarefa: ensinar a seus filhos o caminho de sua beleza. De sua bondade. Que é tamanha.

Jamais esquecerei as palavras de São João Paulo II em uma das primeiras Jornadas Mundiais da Juventude, na época feita em Roma, no Domingo de Ramos. Era dia 15 de abril de 1984. Eu ainda era um jovem muito ferido, apesar de ter retornado à fé, e naquele dia, com suas palavras, ele abalou algo doloroso em mim, e desencadeou outra coisa que me reconciliou com o fato de eu ser homem. Uma vez, durante a homilia, ele fez estas perguntas:

> Como deve ser o homem? Que tipo de homem vale a pena ser? Quem é que eu devo ser, para preencher com o conteúdo exato esta humanidade que me foi dada?[52]

E pouco depois ele gritou estas palavras que estavam gravadas no meu coração:

> Vale a pena ser homem, porque Vós [Senhor Jesus] fostes homem!

---

52 Homilia do Papa João Paulo II na celebração do Domingo de Ramos, 15/04/1984 [Disponível em https://w2.vatican.va/content/john-paul-ii/pt/homilies/1984/documents/hf_jp-ii_hom_19840415_palme.html – Acesso em 10/07/2019].

# Agradecimentos

Devo a ideia original desta aventura ao já citado Pe. Paolo Iacovelli, e a dos outros sacerdotes com quem trabalhamos a primeira proposta sobre os seis dias da criação: Pe. Roberto Liani, Pe. Marco Ceccarelli, Pe. Julio Lavin, Pe. Norman Insam, Pe. Giuseppe Petrioli, Pe. Mauro Storaci, Pe. Piotr Belczowski e o Diác. Roberto Proietti (esperando não ter esquecido ninguém), que deram sua preciosa contribuição.

Ao mesmo tempo, o experimento foi realizado nas reuniões da primeira sexta-feira do mês na Basílica de São Marcos, na Piazza Venezia – com o acompanhamento amigável e paterno de Dom Angelo De Donatis, hoje meu ordinário como Vigário do Santo Padre. Sua ajuda foi – e é – essencial e brilhante para mim.

Mais tarde, com os grupos vocacionais percorri este caminho várias vezes, para revivê-lo sempre melhor, também graças ao Pe. Ismael Barros, que nesses anos esteve ao meu lado, ensinou-me um oceano de coisas e enriqueceu-me com sua fé límpida, radical e bela.

Num determinado momento, surgiu desse trabalho uma série para a Rádio Vaticana, simples e reduzida ao essencial, que encontrou uma resposta notável entre os ouvintes. Como sempre devo muito à colaboração e sabedoria da jornalista e amiga Monia Parente.

Ao escrever o livro, foi vital para mim a ajuda de Fabrizio Fontana, assim como as correções feitas por meu colaborador e irmão Stefano Ruggiero, que me corrigiram aqui e ali de uma maneira muito apropriada.

Muito deste livro começou de raízes distantes, a partir do momento que, recém-ordenado, estudei o manual de espiritualidade oriental do então Pe. Tomáš Špidlík[53], posteriormente feito cardeal. Mas essa sabedoria se tornou a luz para a minha fé desde que eu assisti aos exercícios inacianos liderados por Pe. Marko Ivan Rupnik, a quem devo muito em minha vida e do que está escrito aqui.

Eu me vejo como uma encruzilhada: muitas pessoas passam por mim. E deixam algo, alguns mais do que outros. Eu digo coisas que os outros me deram. Impossível mencionar a todos.

Todos eles são Providência do Pai.

---

53 ŠPIDLÍK, T. *La spiritualità dell'oriente cristiano*. Roma: Orientalia Christiana, 1985.

# A felicidade das pequenas coisas

## Anselm Grün

A insatisfação com as coisas ou com outras pessoas geralmente tem uma causa mais profunda: a insatisfação com a própria vida. Você se concentra em tudo que não vai bem. Você tem sempre algo a reclamar. Claro, sempre há razões pelas quais você pode estar insatisfeito. E há coisas no relacionamento, na empresa, na história da própria vida que não são fáceis de aceitar. Mas isso também depende da sua atitude interior, de como você reage ao que confronta. Já a pessoa satisfeita concorda com a vida. Também já se queixou, já foi insatisfeita, mas rapidamente se acostumou e disse sim a tudo.

Nesse livro, Anselm Grün irá ponderar sobre os tipos de satisfação, o bem-estar perante a vida e aquela satisfação restrita de quem se concentra em si mesmo. Observará como diferentes atitudes e condições podem nos levar à satisfação. Somos felizes se somos satisfeitos, se estamos em harmonia com nós mesmos e com nossas vidas. Outra atitude é o contentamento. Contentamento é também simplicidade. O frugal se contenta com uma vida simples, e a satisfação tem forma de gratidão. Quem é grato por aquilo que Deus lhe deu, grato pelo que tem hoje, está de bem com a vida.

Autor reconhecido no mundo inteiro por seus inúmeros livros publicados em mais de 28 línguas, o monge beneditino **Anselm Grün**, da Abadia de Münsterschwarzach (Alemanha), une a capacidade ímpar de falar de coisas profundas com simplicidade e expressar com palavras aquilo que as pessoas experimentam em seu coração. Procurado como palestrante e conselheiro na Alemanha e no estrangeiro, tornou-se ícone da espiritualidade e mestre do autoconhecimento em nossos dias. Tem dezenas de obras publicadas no Brasil.

## CULTURAL

Administração
Antropologia
Biografias
Comunicação
Dinâmicas e Jogos
Ecologia e Meio Ambiente
Educação e Pedagogia
Filosofia
História
Letras e Literatura
Obras de referência
Política
Psicologia
Saúde e Nutrição
Serviço Social e Trabalho
Sociologia

## CATEQUÉTICO PASTORAL

**Catequese**
  Geral
  Crisma
  Primeira Eucaristia

  **Pastoral**
  Geral
  Sacramental
  Familiar
  Social
  Ensino Religioso Escolar

## TEOLÓGICO ESPIRITUAL

Biografias
Devocionários
Espiritualidade e Mística
Espiritualidade Mariana
Franciscanismo
Autoconhecimento
Liturgia
Obras de referência
Sagrada Escritura e Livros Apócrifos

  **Teologia**
  Bíblica
  Histórica
  Prática
  Sistemática

## VOZES NOBILIS

Uma linha editorial especial, com importantes autores, alto valor agregado e qualidade superior.

## REVISTAS

Concilium
Estudos Bíblicos
Grande Sinal
REB (Revista Eclesiástica Brasileira)

## PRODUTOS SAZONAIS

Folhinha do Sagrado Coração de Jesus
Calendário de mesa do Sagrado Coração de Jesus
Agenda do Sagrado Coração de Jesus
Almanaque Santo Antônio
Agendinha
Diário Vozes
Meditações para o dia a dia
Encontro diário com Deus
Guia Litúrgico

## VOZES DE BOLSO

Obras clássicas de Ciências Humanas em formato de bolso.

CADASTRE-SE
**www.vozes.com.br**

**EDITORA VOZES LTDA.**
**Rua Frei Luís, 100 – Centro – Cep 25689-900 – Petrópolis, RJ**
**Tel.: (24) 2233-9000 – Fax: (24) 2231-4676 – E-mail: vendas@vozes.com.br**

UNIDADES NO BRASIL: Belo Horizonte, MG – Brasília, DF – Campinas, SP – Cuiabá, MT
Curitiba, PR – Fortaleza, CE – Goiânia, GO – Juiz de Fora, MG
Manaus, AM – Petrópolis, RJ – Porto Alegre, RS – Recife, PE – Rio de Janeiro, RJ
Salvador, BA – São Paulo, SP